COMO LER
MELHOR EM INGLÊS

COMO LER MELHOR EM INGLÊS

ESTRATÉGIAS 1

Denise Santos

Ampla experiência na área do ensino de língua estrangeira, tendo atuado como professora e coordenadora de inglês em escolas e cursos de línguas no Brasil; como pesquisadora na área de ensino de estratégias na aprendizagem de línguas estrangeiras nas Universidades de Oxford e Reading (Reino Unido), como professora e autora de livro sobre o ensino de português como língua estrangeira no Brasil, Estados Unidos e Reino Unido. Denise tem ativa participação em conferências nacionais e internacionais e possui inúmeras publicações acadêmicas (em livros, jornais e revistas especializados no Brasil e no exterior), bem como livros didáticos e paradidáticos na área do ensino de língua estrangeira. É de sua autoria a série *Take Over* (Editora Lafonte) e de sua coautoria (com Amadeu Marques) a série *Links: English for Teens* (Editora Ática), ambas aprovadas, respectivamente, no PNLD 2012 e PNLD 2011. Mais informações sobre a autora podem ser encontradas em www.denisesantos.com.

© 2011 Denise Santos

Capa e projeto gráfico: Città Estúdio
Editoração eletrônica: Città Estúdio
Supervisão Editorial: Faccioli Editorial
Revisão: Sandra Garcia Cortés

Dados Internacionais de Catalogação na Publicação (CIP)
(Câmara Brasileira do Livro, SP, Brasil)

Santos, Denise
   Como ler melhor em inglês / Denise Santos. --
Barueri, SP : DISAL, 2011. -- (Coleção estratégias ;
1)

   Bibliografia.
   ISBN 978-85-7844-082-4

   1. Inglês - Estudo e ensino I. Título.
II. Série.

11-10223   CDD-420.7

Índices para catálogo sistemático:

1. Inglês : Estudo e ensino   420.7

Todos os direitos reservados em nome de:
Bantim, Canato e Guazzelli Editora Ltda.
Alameda Mamoré 911 – cj. 107
Alphaville – BARUERI – SP
CEP: 06454-040
Tel. / Fax: (11) 4195-2811
Visite nosso site: www.disaleditora.com.br
Televendas: (11) 3226-3111
Fax gratuito: 0800 7707 105/106
E-mail para pedidos: comercial@disal.com.br
Nenhuma parte desta publicação pode ser reproduzida, arquivada ou transmitida de nenhuma forma ou meio sem permissão expressa e por escrito da Editora.

A Peter Smagorinsky,
que me mostrou que leitura é conversa, reflexão, embate.
E me reensinou a ler.

SUMÁRIO

APRESENTANDO A COLEÇÃO 8

PARTE 1: FUNDAMENTOS

As habilidades linguísticas e o uso de estratégias 12

    Um pouco de história 13

    O que são, afinal, estratégias? 14

    Pesquisas recentes: focos e resultados 16

O que sabemos sobre estratégias de leitura 19

Palavras finais: Recado da autora para o leitor 21

PARTE 2: RECURSOS

Estratégias de leitura 24

1. Identificando palavras transparentes 26

2. Usando palavras transparentes na compreensão de palavras desconhecidas 29

3. Prestando atenção ao título de um texto, suas imagens, suas características tipográficas 33

4. Lendo um texto rapidamente para entendimento de sua ideia geral (*skimming*) 37

5. Lendo um texto à procura de informações específicas (*scanning*) 41

6. Usando um dicionário bilíngue 45

7. Identificando o significado que procuramos num dicionário 50

8. Identificando "falsos amigos" 54

9. Usando partes de uma palavra para compreender seu significado 58

10. Prevendo o assunto de um texto 62

11. Prevendo o conteúdo de um texto 66

12. Lendo a primeira frase de cada parágrafo para fazer previsões sobre um texto 70

13. Prevendo as respostas às perguntas sobre um texto 74

14. Identificando os autores e leitores potenciais de um texto 79

15. Identificando o tipo de texto 84

16. Identificando o gênero textual e compreendendo suas características 89

17. Aplicando conhecimento prévio (conhecimento de mundo, de inglês, de organização de textos) 94

18. Formulando perguntas sobre um texto antes da leitura 99

19. Identificando o que é (e o que não é) dito em um texto 103
20. Identificando o que pode ser inferido em um texto 107
21. Usando conhecimento de mundo para compreensão de vocabulário novo 111
22. Usando uma leitura para revisão ou aprendizagem de vocabulário 114
23. Usando a estrutura de uma sentença para inferir o significado de uma palavra 118
24. Lendo para aprendizagem ou revisão de estruturas gramaticais 122
25. Apoiando-se nas palavras-chaves (*key words*) de um texto 127
26. Identificando o que se precisa ou se quer ler 131
27. Identificando expressões de tempo numa narrativa 135
28. Compreendendo a ideia principal de um parágrafo 139
29. Identificando as ideias gerais e as ideias específicas em um texto 143
30. Identificando os diferentes pontos de vista em um texto 147
31. Identificando diferentes perspectivas em manchetes de jornal 151
32. Identificando posicionamentos a partir dos verbos usados no discurso indireto 155
33. Compreendendo a organização de um texto 159
34. Observando os marcadores do discurso para entendimento da estrutura de um texto 163
35. Visualizando um texto durante a leitura 167
36. Reagindo a um texto durante uma leitura 171
37. Monitorando a coerência da leitura 174
38. Tomando notas do que é lido 178
39. Usando várias estratégias numa mesma leitura 182
40. Selecionando, aplicando e avaliando as estratégias apropriadas para uma leitura 185

PARTE 3: COMPLEMENTOS

Respostas dos exercícios 192
Índice dos termos do glossário 202
Fontes de referência 203
Bibliografia e sugestões de leituras complementares 204

APRESENTANDO A COLEÇÃO

A coleção ESTRATÉGIAS é composta por quatro volumes:

- COMO LER melhor em inglês
- COMO ESCREVER melhor em inglês
- COMO OUVIR melhor em inglês
- COMO FALAR melhor em inglês

O objetivo da coleção é apresentar e discutir procedimentos que podem auxiliar o usuário de inglês a fazer uso mais competente dessa língua em suas quatro habilidades (leitura, escrita, audição e fala). Nesta coleção, tem-se em mente um usuário da língua inglesa que pode variar entre aquele que tem um conhecimento básico dessa língua e aquele que tem um conhecimento mais amplo, podendo até mesmo ser professor de inglês. Os leitores com menor proficiência na língua inglesa terão acesso, através da coleção, a inúmeras formas de lidar com dificuldades no uso da língua estrangeira, desenvolvendo recursos facilitadores para a sua comunicação oral (ao falar, ao ouvir) e escrita (ao ler, ao escrever), bem como recursos de apoio para sua aprendizagem dessas quatro habilidades linguísticas. Aqueles que têm maior proficiência na língua inglesa poderão usar a coleção como fonte de informações recentes no âmbito de *learner strategies*, podendo incorporar tais informações tanto para seu próprio desenvolvimento pessoal quanto para sua capacitação profissional (no caso de o leitor ser professor de língua inglesa). Nesse sentido, a coleção oferece ampla gama de sugestões de atividades para implementação em sala de aula.

Tendo os objetivos descritos acima em mente, cada um dos quatro volumes que compõem esta coleção é dividido em três partes, conforme detalhes a seguir:

- FUNDAMENTOS: Esta parte apresenta informações gerais acerca do que se sabe atualmente sobre estratégias diante dos resultados de pesquisas recentes na área. Aqui se discutem questões básicas a respeito de estratégias: como elas são definidas, o que envolvem, o que sabemos sobre seu uso e sua aprendizagem, seus benefícios, as dificuldades a elas atreladas. Esta parte inicial é composta por uma seção mais geral (sobre estratégias em caráter mais amplo) e uma seção mais específica (sobre a habilidade em destaque no livro). Desta forma, neste volume, há considerações específicas sobre estratégias relacionadas com a habilidade da leitura.

- RECURSOS: Esta parte contém a apresentação e discussão detalhada de 40 estratégias relativas à habilidade focalizada no livro. Em cada uma delas, parte-se sempre de uma situação específica de uso do inglês para se apresentar uma potencial dificuldade nesse contexto de uso. A partir dessa dificuldade, apresentam-se a estratégia e suas características, e em seguida as formas de implementação (quer dizer, o que precisa ser feito, pensado ou dito para pôr tal estratégia em uso), além das vantagens, dificuldades e benefícios associados à estratégia em foco. Cada uma das 40 seções que compõem esta parte inclui exercícios para aplicação e prática da estratégia em foco, bem como sugestões de atividades suplementares.

- COMPLEMENTOS: Esta parte oferece subsídios adicionais para ampliar o conhecimento e a prática das estratégias apresentadas no livro. Ela contém 4 seções: (1) Respostas dos exercícios; (2) Índice de termos do glossário, com a relação dos termos técnicos utilizados na obra. No decorrer do texto, esses termos são destacados na cor, e suas definições são dadas na margem da página; (3) Fontes de referência: sugestões de *sites* que o leitor pode utilizar para praticar as estratégias apresentadas no livro; (4) Bibliografia e sugestões de leituras adicionais sobre o assunto tratado na obra.

AS HABILIDADES LINGUÍSTICAS E O USO DE ESTRATÉGIAS

Há algumas décadas o ensino de inglês vem sendo organizado ao redor das quatro habilidades linguísticas (*reading*, *writing*, *listening* e *speaking*). Essa abordagem é traduzida na maioria dos livros didáticos e nas aulas de inglês através de atividades que envolvem "prática" de leitura, de escrita, de audição, de expressão oral, mas não se costuma oferecer ao aprendiz oportunidades de "como aprender" a ler, a escrever, a ouvir e a falar em inglês, isto é, não se costuma ensinar estratégias para melhor aprendizagem e aplicação das quatro habilidades.

No Brasil, a habilidade de leitura costuma ser uma exceção nesse quadro mais geral de negligência ao desenvolvimento das estratégias. Desde 1998, com a publicação dos Parâmetros Curriculares Nacionais para o ensino de língua estrangeira, vem-se dando destaque à leitura, incluindo atenção especial à prática de algumas estratégias relacionadas com essa habilidade. No entanto, o que se nota é que, mesmo quando há práticas de estratégias nesse cenário, estas tendem a vir desacompanhadas de um apoio mais sólido que leve o aprendiz a entender os benefícios que o uso de uma estratégia pode trazer, tanto para uma atividade específica quanto para futuras situações de comunicação e/ou aprendizagem.

Por exemplo, é comum vermos em livros didáticos atividades que pedem ao aluno para fazer uma leitura rápida inicial de um texto (*skimming*) antes de fazer uma leitura mais detalhada. Mas raramente essas atividades incluem passos que estimulem tais aprendizes a refletir, por exemplo: *Por que e para que devo fazer uma leitura rápida inicial? Até que ponto esta leitura pode me auxiliar no entendimento do texto? Em que ocasiões uma leitura rápida inicial pode ser benéfica ao leitor? Há situações em que uma leitura rápida inicial é inapropriada ou mesmo impossível?* O mesmo acontece com o uso de *brainstorming* ao escrever, o reconhecimento de palavras-chave (*key words*) ao ouvir, ou a prática de pedidos de esclarecimentos ao falar. Essas estratégias são comumente trabalhadas nas aulas de inglês atualmente, mas raramente se dá oportunidade ao aluno de refletir sobre elas: haveria situações de escrita em que *brainstormings* não são aconselháveis? Como fazer para saber quais de fato são as *key words* num *listening*? Os pedidos de esclarecimento devem variar em função de condições contextuais, tais como nível de formalidade da conversa ou relação entre os participantes?

São questões como essas que esta coleção contempla, a fim de instrumentalizar o aprendiz de língua inglesa para saber decidir, implementar e avaliar as estratégias apropriadas em diferentes contextos de produção e compreensão oral e escrita em inglês.

Um pouco de história

A publicação, em 2007, de um livro chamado *Language Learner Strategies: Thirty Years of Research and Practice* (organizado por Andrew Cohen, da Universidade de Minnesota, e Ernesto Macaro, da Universidade de Oxford) indica que o interesse e o debate a respeito de estratégias não são recentes. Ao longo do tempo – e como acontece em qualquer área de pesquisa – acadêmicos vêm desenvolvendo enfoques e entendimentos diversos a respeito da noção de estratégias. Para melhor situar o conceito nos tempos atuais, é importante rever abordagens e crenças do passado e entender o que mudou (e por quê) ao longo dos anos.

A noção de estratégias, no contexto da aprendizagem de língua estrangeira, surgiu no século passado, em meados dos anos 70, e ganhou ímpeto nos anos 80. A ideia que originou tal movimento estava pautada na premissa de que "good language learners" agem e pensam de forma diferente dos "not so good language learners". Consequentemente, a observação das características desses aprendizes mais bem-sucedidos deveria levar à identificação de estratégias por eles usadas, e esses resultados, por sua vez, deveriam ser interpretados como práticas a serem implementadas por todos os aprendizes.

Desta forma, os primeiros estudos na área procuraram listar as *learning strategies* usadas por bons aprendizes. Este objetivo levou ao desenvolvimento de diversas taxonomias, as quais eram frequentemente organizadas ao redor de aspectos cognitivos (como *repetition*, *note-taking*, *deduction*, *inferencing*), metacognitivos (como *selective attention*, *advance preparation*, *self-evaluation*, *self-monitoring*) e socioafetivos (como *cooperation*, *asking others for clarification*).

Com o passar do tempo, porém, concluiu-se que o uso de determinadas estratégias, ou a frequência desse uso, não estava necessariamente associado ao melhor desempenho de diferentes aprendizes. Percebeu-se que alguns aprendizes não tão bem-sucedidos faziam uso de estratégias, às vezes com frequência, mas simplesmente não tinham desempenhos satisfatórios de uma forma mais geral na sua aprendizagem.

Pesquisas subsequentes revelaram que resultados positivos no processo de aprendizagem não estão relacionados a "se" ou "com que frequência" certas estratégias são implementadas, mas sim a "como", "por que" e "para que" os aprendizes usam estratégias. No cenário das pesquisas atuais, questões cruciais são: As estratégias usadas existem em que situações? Elas apoiam que tipo de tarefas? Elas se combinam com outras estratégias? Se sim, de que forma? Há combinações de estratégias que parecem ser mais benéficas em certas situações do que em outras? Como os aprendizes mais bem-sucedidos tomam decisões para aplicar ou descartar certas estratégias?

E, de forma fundamental, procura-se entender: como podemos definir e caracterizar o termo "estratégias"? Trataremos desta questão a seguir, antes de apresentar outros resultados de pesquisas recentes.

O que são, afinal, estratégias?

Ao longo dos anos, várias definições foram dadas para a noção de estratégias. Vejamos algumas delas:

> *Learning strategies are the behaviours and thoughts that a learner engages in during learning that are intended to influence the learner's encoding process.* (Weinstein and Mayer, 1986)

> *Learning strategies are techniques, approaches or deliberate actions that students take in order to facilitate the learning and recall of both linguistic and content area information.* (Chamot 1987:71)

> *The term learner strategies refers to language learning behaviours learners actually engage in to learn and regulate the learning of a second language.* (Wenden 1987:6)

> *Specific actions taken by the learner to make learning easier, faster, more enjoyable, more self-directed, more effective and more transferable to new situations.* (Oxford 1990:8)

> *Those processes which are consciously selected by learners and which may result in action taken to enhance the learning or use of a second or foreign language, through the storage, retention, recall, and application of information about that language.* (Cohen 1998:4)

Como se pode perceber acima, acadêmicos tendem a divergir no que se refere à definição e caracterização de estratégias. Mas não se espante, isso não é anormal – essas discordâncias costumam mesmo acontecer em qualquer área de pesquisa, e elas são bem-vindas; afinal, discordâncias geram debates que, por sua vez, levam a novos – e frequentemente melhores – entendimentos sobre o assunto estudado.

Retornando às definições acima, repare que as discordâncias giram em torno de diferentes aspectos. Um desses aspectos envolve o caráter observável ou não das estratégias. Para alguns acadêmicos, estratégias são definidas como *comportamento* (sendo, portanto, observáveis); para outros, são tidas como *processos mentais* (não observáveis). Há ainda outros estudiosos que as concebem no âmbito mais funcional das *técnicas*.

Outro aspecto que leva a divergências entre os que investigam estratégias refere-se ao nível de consciência associado ao seu uso: enquanto alguns estudiosos acham que as estratégias ocorrem num nível *inconsciente*; outros pregam que elas são aplicadas de forma *consciente*.

Pesquisadores destacam também o fato de que, enquanto algumas estratégias envolvem *aprendizagem* da língua estrangeira (por exemplo, a leitura detalhada de um texto para aprendizagem de novo vocabulário), outras envolvem *uso* dessa língua (por exemplo, a previsão do conteúdo de um texto antes de sua leitura).

Para conciliar tais dilemas, adota-se neste livro uma definição abrangente que caracteriza estratégias como *ações* (que podem ser tanto mentais quanto físicas, ou as duas coisas ao mesmo tempo). De fato, esta é a abordagem de definições mais recentes, como a reproduzida a seguir:

> *Learning strategies are procedures that facilitate a learning task.* (Chamot, 2005:112)

Nesta obra, entende-se, também, que inicialmente as estratégias são ativadas consciente e intencionalmente, mas ao longo do tempo, e através da prática de uso, muitas delas passam a ser automáticas e inconscientes.

Finalmente, esta obra apoia tendências atuais que designam estratégias como *learner strategies* e não apenas como *learning strategies*. A nomenclatura *learning strategy* coloca na aprendizagem o foco de aplicação das estratégias, o que é adequado mas limitador. As estratégias atuam não apenas no âmbito da aprendizagem de uma língua, mas também no âmbito do uso dessa língua, e nos dois âmbitos ao mesmo tempo. O termo *learner strategy* dá conta dessa amplitude, e mais: põe o aprendiz no centro e no controle do uso das estratégias, fazendo com que ele seja agente de suas decisões estratégicas.

Duas noções adicionais costumam estar presentes nas caracterizações mais recentes sobre estratégias: *contexto* e *situação-problema*. Como esclarecido anteriormente, entende-se atualmente que *learner strategies* são ativadas e implementadas dentro de um contexto específico de uso da língua. No caso de uma situação que envolva leitura, elementos contextuais incluem o texto propriamente dito, o objetivo da leitura, o nível de proficiência do leitor, seu interesse pelo que é lido, se o leitor lê o texto pela primeira vez ou não, entre outros. Condições similares existem em situações de fala (o que falamos, com quem, sobre o quê, nossos propósitos comunicativos etc.), de escuta (o que escutamos, por que, para que, em que circunstâncias etc.) e de escrita (o que escrevemos, para quem, com que objetivo etc.). Tudo isso deve ser levado em consideração ao se descrever e analisar as estratégias ativadas em cada uma dessas situações.

Outro fator associado à ocorrência de *learner strategies* é a percepção, por parte do aprendiz, de que o contexto envolve algum nível de dificuldade, o que lhe cria uma espécie de problema. Num contexto de leitura ou de compreensão oral, o problema pode ser algo mais imediato como o não entendimento de uma palavra, ou pode ser algo mais amplo que envolva aprendizagem de inglês de uma forma mais geral, tal como o desenvolvimento do vocabulário. Num contexto de produção oral ou escrita, o problema pode estar relacionado com a dificuldade de expressar uma ideia ou sentimento naquele momento, ou pode estar relacionado a um questionamento do aprendiz sobre como estar atento a fatores contextuais em outras situações de fala ou escuta.

Concluindo, as palavras-chaves na definição e caracterização de estratégias adotadas neste livro são: contexto, *learner strategy*, situação, problema, ação, reflexão.

Pesquisas recentes: focos e resultados

Como visto acima, sabe-se atualmente que aprendizes bem-sucedidos conhecem os potenciais benefícios associados ao uso de certas estratégias e que consideram sua aplicação de forma contextualizada. Em outras palavras, esses aprendizes não usam determinada estratégia "num vácuo", mas optam pela sua aplicação diante de um certo contexto de uso da língua (ao ler, escrever, falar ou ouvir).

É importante realçar que uma estratégia não é "boa" ou "má" por si só. Ela "pode ser" adequada num dado momento de comunicação ou aprendizagem, e portanto só pode ser entendida dentro de um contexto de uso específico da língua. Uma leitura rápida inicial de um texto, por exemplo, não é potencialmente útil (e, portanto, não é aconselhável) quando temos pouco tempo para achar uma informação específica em um texto ou quando lemos um romance por prazer e/ou entretenimento e não queremos saber o que vai acontecer no final do texto.

Numa conversa, o uso de perguntas para promover o envolvimento do interlocutor pode ser apropriado se a situação permitir que se façam tais perguntas. Numa conversa com alguém hierarquicamente superior a nós, não é aconselhável que façamos perguntas demais ao nosso interlocutor. Em situações mais informais, ou em que o nível de relação dos participantes seja mais simétrico (isto é, sem maiores diferenças de poder interacional), é sempre uma boa ideia fazer perguntas para promover o envolvimento dos participantes na interação.

Ao assistir a um filme em inglês num cinema, não é apropriado que usemos vocalizações (repetições do que ouvimos, em voz alta), porque há outras pessoas à nossa volta que certamente não vão apreciar tal "barulho". No entanto, a estratégia de vocalizar o que ouvimos é um recurso importante para desenvolver nossa habilidade de ouvir em inglês, e tal estratégia deve ser implementada, por exemplo, quando ouvimos um programa de rádio no carro, e estamos na dúvida quanto ao que acabamos de ouvir. Tal "repetição em voz alta" pode ser bastante útil para esclarecer uma dúvida quanto ao que foi ouvido.

O mesmo acontece com estratégias de *writing*: a mesma estratégia pode ser apropriada numa situação, e inapropriada em outra. O uso de revisão no texto que escrevemos a partir da observação de textos similares pode ser uma estratégia útil quando temos tempo extra para rever com cuidado algo que escrevemos previamente, ou se estamos escrevendo algo que não deve conter problemas de conteúdo ou de forma (por exemplo, uma *application letter* para um emprego ou uma vaga em uma escola ou universidade). No entanto, tal estratégia não será tão apropriada numa situação de escrita mais informal (um bilhete para um amigo, por exemplo) ou quando não temos tempo ou recursos para tal revisão (por exemplo, ao escrever no metrô uma mensagem de texto respondendo a uma pergunta urgente). Em suma, um usuário eficiente da língua inglesa precisa estar apto a tomar decisões estratégicas ao ler, falar, ouvir e escrever nessa língua, avaliando quais estratégias são e não são apropriadas num dado momento comunicativo.

Resultados de pesquisas recentes indicam que aprendizes bem-sucedidos pensam e conversam sobre as estratégias aplicadas durante a aprendizagem e o uso do inglês. Além disso, percebe-se que tais aprendizes costumam avaliar o uso das estratégias que estão sendo e que foram usadas, criando novos planos de ação (que deverão incluir a implementação de novas estratégias) se algo não funciona bem.

O foco de pesquisas atuais é projetado para o melhor entendimento das características acima, bem como para um melhor entendimento do que atualmente é descrito na literatura como a *orchestration of strategies* desenvolvida por aprendizes bem-sucedidos. Essa orquestração pode ocorrer em sequência, criando o que se conhece como *strategy chains;* ou pode ocorrer com o uso simultâneo de várias estratégias, criando *strategy clusters*. Não é sempre fácil fazer a distinção entre os dois tipos de usos, mas acredita-se que, por exemplo, a estratégia "ativando conhecimento prévio" é desejável em toda e qualquer situação de produção e compreensão oral e escrita, em combinação com outras estratégias. Acredita-se, também, que quanto mais desafiadora for a atividade mais estratégias o leitor deverá ativar a fim de ser bem-sucedido na tarefa.

Os pontos discutidos nesta seção refletem o interesse no desenvolvimento de estratégias no contexto do ensino e aprendizagem de línguas estrangeiras, mas a questão fundamental é: é possível ensinar e aprender estratégias? Resultados de pesquisas recentes apontam que sim. Mais do que possível, tal ensino é mesmo desejável por duas razões. Primeiramente, como dito acima, entende-se que os alunos com maior repertório e controle de uso de estratégias têm melhor desempenho ao aprender uma língua estrangeira. Segundo, estudos na área sugerem que um aprendiz de língua estrangeira não necessariamente transfere seu conhecimento sobre estratégias em língua materna para sua aprendizagem de uma língua estrangeira. Em outras palavras, um aluno brasileiro que sabe quando e como fazer inferências ao ler em português não saberá necessariamente aplicar essa mesma estratégia na sua leitura de textos em inglês. O mesmo acontece com, por exemplo, a atenção para *key words* ao ouvir, o uso de hesitação ao falar, ou a preocupação com as necessidades do leitor ao escrever: essas estratégias podem ser bem utilizadas na língua materna, mas seu uso em língua estrangeira precisa ser trabalhado até ficar automatizado. Portanto, devemos ensinar e aprender sobre estratégias relativas ao uso da língua inglesa se queremos formar e nos tornar usuários mais competentes dessa língua!

Para aprender sobre estratégias, e sobre como usá-las de forma eficaz, é importante ter conhecimento de um repertório de opções: quanto mais estratégias um aprendiz conhece, melhor. Tal conhecimento é o primeiro passo para se criarem oportunidades de prática, que incluam aplicação, reflexão e discussão de estratégias.

O QUE SABEMOS SOBRE ESTRATÉGIAS DE LEITURA

Tratamos até agora de estratégias de uma forma mais geral, e aqui faremos algumas considerações específicas sobre *reading strategies*.

Estratégias podem apoiar o início, o progresso e o fim de uma atividade de leitura. Em outras palavras, há estratégias para serem ativadas no que normalmente se descreve como pré-leitura, leitura, pós-leitura. Por exemplo, previsão do assunto do texto, monitoramento da coerência da leitura e avaliação sobre o uso das estratégias usadas, respectivamente.

Para entender como as estratégias podem apoiar esse processo, é importante compreender o que o ato de leitura envolve, e quais as suas potenciais dificuldades. Dois modelos de leitura têm sido influentes no entendimento daqueles que pesquisam a leitura. O primeiro deles, surgido nas décadas de 60 e 70 no século passado, descreve a leitura como um processo que envolve processos *bottom-up* (do texto para o leitor) e processos *top-down* (do leitor para o texto). Processos *bottom-up* incluem o foco nas partes que formam uma palavra para o seu entendimento; processos *top-down*, ativação de conhecimento prévio para entendimento do texto.

Estudos subsequentes demonstraram que um leitor competente faz uso de ambos os processos, de forma interativa, e que tais processos não são opostos, mas, sim, coexistem num contínuo. Por exemplo, numa situação de leitura, para se construírem sentidos ao ler um texto, não seria o caso de **ou** se tentar compreender o sentido de uma palavra a partir dos seus "vizinhos" na frase **ou** se tentar ativar conhecimento prévio sobre o assunto do texto. É bem provável (e mesmo desejável) que esses dois processos coexistam de forma complementar. Já naquela época tinha-se a indicação, a partir de resultados de estudos na área, que leitores bem-sucedidos sabiam transitar de forma eficaz entre processos *top-down* e *bottom-up*. Note-se, também, que alguns desses processos já começavam a ser chamados de estratégias.

Na década de 90 desenvolveu-se uma conceptualização mais complexa sobre a leitura. Àquela época, começava-se a se entender a leitura de uma forma interativa e dinâmica, envolvendo não apenas processos cognitivos *top-down* e *bottom-up*, mas também outros elementos contextuais como o evento de leitura, a experiência do leitor com outros textos, o meio em que o texto é escrito (no papel, na tela, no tecido, em metal), as decisões tomadas pelo leitor, incluindo as estratégias de leitura. Essa conceptualização tende a ser a mais geralmente aceita atualmente entre os estudiosos de leitura.

Neste contexto, estudos recentes sobre estratégias de leitura apontam que, ao ler numa língua estrangeira, leitores bem-sucedidos costumam:

- Focar a atenção no sentido geral do texto durante a leitura;
- Ignorar palavras desconhecidas e tentar inferir seus significados pelo contexto;
- Usar o dicionário de forma seletiva, após refletir sobre a necessidade de tal consulta no contexto da leitura;
- Focar a atenção em grupos de palavras (e não em palavras isoladas);
- Usar a estrutura do texto como apoio na leitura;
- Monitorar as estratégias usadas na leitura.

Obviamente, os estudos na área têm contextos diferentes (as línguas estrangeiras abordadas variam, podendo ser o inglês ou outras; os aprendizes têm idades diferentes; os objetivos de leitura dos aprendizes variam etc.) e essas diferenças afetam os resultados das investigações. Como esclarecido nos comentários gerais na seção anterior, atualmente há uma tendência de se atrelarem os resultados de uma pesquisa aos contextos específicos em que tal estudo foi encaminhado. Quando falamos de estratégias, é importante ter em mente que *contexto* e *estratégias* estão integrados todo o tempo.

PALAVRAS FINAIS: RECADO DA AUTORA PARA O LEITOR

Este livro apresenta e discute algumas estratégias de leitura com o intuito de auxiliá-lo a se tornar um "leitor estratégico em inglês" – ou, no caso de você ser professor de inglês, de enriquecer o seu repertório de informações sobre *Reading strategies,* e paralelamente contribuir com ideias para implementação nas suas aulas de leitura em inglês, de forma que seus alunos tornem-se *strategic readers.*

Como esclarecem William Grabe e Fredericka Stoller (2002:81-82),

> *the goal of reading instruction is not to teach individual reading strategies but rather to develop strategic readers, a development process that requires intensive instructional efforts over a considerable period of time.*

Em outras palavras, caro leitor, este livro parte da premissa que a melhor forma de desenvolver estratégias de leitura em inglês é através de muita prática, o que envolve, por definição, muita leitura. Um entendimento das estratégias a nosso dispor facilitará tal prática, e este livro tem o objetivo de apresentar e discutir as estratégias de leitura mais importantes, a fim de que você e seus alunos "apropriem-se" delas: para tal, deve-se ler sobre elas, experimentá-las em diferentes situações de leitura, refletir sobre elas, adaptá-las, tomar posse delas.

Este livro apresenta as estratégias de forma isolada por questões pedagógicas: esta organização é necessária para que você tenha um entendimento dos "elementos" dentro do conjunto "estratégias de leitura". Mas, sempre que possível, fazem-se conexões entre as estratégias, e estimula-se essa "orquestração de estratégias". Acredito que este livro pode instrumentalizá-lo a tomar importantes decisões ao ler ou ao ensinar sobre leitura em inglês, de forma que você ou seus alunos tornem-se leitores autônomos e competentes em língua inglesa.

PARTE 2

RECURSOS

ESTRATÉGIAS DE LEITURA

Processos cognitivos envolvem processamento mental tais como retenção, agrupamento, identificação, ensaio e recuperação de informação.

Processos metacognitivos envolvem "cognição sobre cognição", ou seja, planejamento, monitoramento e avaliação de processos cognitivos.

Nesta parte serão discutidas quarenta estratégias de leitura, e cada estratégia será trabalhada na seguinte sequência: parte-se de uma situação de leitura que envolve algum desafio para o leitor e apresenta-se então o texto focalizado em tal leitura. Em seguida discute-se a estratégia propriamente dita, tanto especificamente quanto à sua aplicação para lidar com o desafio da situação, como em termos mais gerais sobre aplicabilidade, benefícios e riscos associados ao uso da estratégia. A essa discussão seguem exercícios e sugestões de atividades extras.

As situações de leitura propostas procuram ser variadas e verossímeis, e os textos utilizados representam uma vasta gama de assuntos e gêneros (artigos de jornais e revistas, trechos de livros, folhetos, textos retirados da Internet, *e-mails*, entre outros). Da mesma forma, há variedade no tipo de exercícios propostos, evitando-se mecanização e abordagem simplista nessas tarefas. Ao fazer os exercícios, o leitor deve ter a preocupação de executá-los da forma proposta, pois a intenção não é fazer exercícios de "compreensão do conteúdo texto" com perguntas factuais (o que aconteceu, quem fez o quê, quando), mas sim aplicar a estratégia. Parte-se, pois, da premissa de que esses exercícios auxiliarão o leitor a ficar consciente dos processos cognitivos e metacognitivos que podem apoiar uma leitura, bem como do diálogo que se deve ter com o texto para melhor se construir o sentido de uma leitura.

A composição deste livro procurou partir de estratégias mais básicas (no sentido de serem de mais fácil entendimento e mais ampla aplicação) para então apresentar outras de maior complexidade. Isso não significa que a ordem de apresentação das estratégias tem alguma relação com sua importância. Não existem estratégias "mais" ou "menos" importantes de uma forma geral: o que há (e isso será repetidamente enfatizado nesta parte) são estratégias "mais apropriadas" e "menos apropriadas" a um dado contexto de leitura, e um leitor estratégico saberá selecionar tais estratégias, e aplicá-las, de forma competente.

Ao ler esta parte do livro, o leitor deve ter sempre em mente que as estratégias estão relacionadas entre si, e é comum usarmos mais de uma estratégia ao mesmo tempo, ou sequencialmente, ao lermos um texto. Para ler esta parte, o leitor pode seguir a ordem apresentada ou pode preferir ler sobre as estratégias numa ordem de sua escolha. Como as estratégias são relacionadas entre si, procurou-se sempre que possível estabelecer relações entre elas em suas discussões. O leitor pode, também, decidir retomar estratégias já lidas (reler sobre elas, refazer alguns exercícios) ao ler sobre outra estratégia que se relaciona com elas.

Em suma, como indica o título dessa parte, espera-se que aqui o leitor encontre informações e prática sobre "recursos" que podem ajudá-lo a ler em inglês de forma mais competente.

1>> IDENTIFICANDO PALAVRAS TRANSPARENTES

A situação

Imagine a seguinte situação: você está iniciando a leitura de um texto sobre energia solar, encontrado numa enciclopédia para crianças. O texto lhe causa alguma dificuldade; a leitura não flui muito bem pois você se depara com muitas palavras que desconhece. Você se pergunta se há alguma maneira de diminuir a sensação de dificuldade que tal leitura parece lhe trazer.

O texto

Energy from the Sun

1 The energy we receive from the Sun is called solar energy. It consists mainly of light
2 and heat that travel through space. These forms of energy come from atoms smashing
3 into each other in the centre of the Sun and joining together, or fusing. This process is
4 called nuclear fusion. Energy that comes from the centres or nuclei of atoms is called
5 nuclear energy. The form of nuclear energy in nuclear power stations here on Earth
6 comes from nuclear fission, when atoms split apart.

Graham, Ian; Taylor, Barbara; Farndon, John; Oxlade, Chris. *Science Encyclopedia*. Bath: Paragon, 1999. p. 47.

A estratégia

Há boas razões para o texto acima causar uma dificuldade inicial ao leitor: o assunto é bem específico (energia solar) e há algumas informações complexas sobre o processo de produção de energia pelo sol.

A boa notícia é que o texto, bem como a grande maioria dos textos em inglês com que nos deparamos, contém muitas "palavras transparentes", isto é, que se parecem com palavras da língua portuguesa.

Há 14 palavras transparentes no texto: *energy, receive, solar, consists, space, forms, atoms, centre, process, nuclear, fusion, nuclei, stations, fission*. Ao todo, incluindo as repetições das palavras anteriores, encontramos 26 palavras transparentes no parágrafo acima, o que faz com que cerca de 30% do texto seja "transparente" para o leitor brasileiro (há 84 palavras ao todo no texto). Ou seja, mesmo que não possamos compreender detalhes do texto, é muito fácil ter uma ideia geral sobre seu conteúdo a partir da identificação das palavras transparentes.

A identificação de palavras transparentes é uma estratégia que pode apoiar a leitura de qualquer texto em inglês, seja um artigo de jornal, uma letra de música, uma receita culinária, um manual de instruções, um panfleto, entre outros. É importante ressaltar que a estratégia será especialmente benéfica em textos que possuem maior quantidade de palavras oriundas do latim – são palavras que os brasileiros reconhecem mais facilmente por serem, em sua maioria, parecidas com palavras do português. Estima-se que mais da metade do vocabulário inglês é originário do latim, o que facilita o entendimento para o leitor brasileiro. No entanto, o percentual de palavras transparentes não é alto em todos os textos que lemos, já que as palavras oriundas do latim são normalmente tidas como formais em inglês. Quando há duas opções para um mesmo significado, entre um termo oriundo do latim e um oriundo de raízes germânicas (por exemplo, *ameliorate* e *improve*), é mais provável encontrarmos o último num texto mais informal.

De qualquer forma, é importante lembrar que mesmo num texto informal (como um *e-mail* ou um bilhete entre amigos) é possível encontrarmos palavras transparentes. Juntando-se à identificação dessas palavras o entendimento do vocabulário que é previamente conhecido pelo leitor, pode-se afirmar que a leitura de um texto em inglês tem grande probabilidade de envolver mais palavras conhecidas do que palavras desconhecidas. E é nesse conhecimento que você deve sempre apoiar a sua leitura!

Aplique a estratégia

1 > **a.** Leia o parágrafo a seguir, sublinhando as palavras transparentes.

What is identity theft?

Your identity and personal information are valuable. Criminals can find out your personal details and use them to open bank accounts and get credit cards, loans, state benefits and documents such as passports and driving licences in your name. If your identity is stolen, you may have difficulty getting loans, credit cards or a mortgage until the matter is sorted out.

Folheto *Identity Theft: Don't become a victim*, Home Office, Identity & Passport Service, Reino Unido.

b. Agora anote no seu bloco de notas as palavras sublinhadas na ordem em que elas aparecem no texto.

c. Com base na listagem anotada, tente imaginar de que trata o texto. Em seguida, leia o texto de novo para conferir suas previsões.

d. Agora reflita: o foco nas palavras transparentes do texto contribuiu para um entendimento geral do conteúdo do parágrafo?

2 > a. Leia o texto a seguir. Enquanto lê, sublinhe as palavras transparentes.

Gym teachers and video games have never been a happy mix. While one side struggles to pull kids off the couch, the other holds them fast. But Kim Mason, a phys-ed director in Rogers, Ark., with 28 years of experience selling kids on the virtues of sweat, did something unlikely last year: she persuaded her public-school district to invest $35,000 in brand-new video-game equipment. [...]

Disponível em: <http://www.time.com/time/magazine/article/0,9171,1661688,00.html>. Acesso em: 4 jan. 2011.

b. Escreva o número de palavras transparentes do texto na primeira coluna da tabela abaixo.

c. Agora observe as palavras não sublinhadas e circule aquelas que você compreende. Depois conte as palavras circuladas e escreva sua quantidade na segunda coluna da tabela.

d. Quantas palavras não foram nem sublinhadas nem circuladas? Escreva sua quantidade na terceira coluna.

NÚMERO DE PALAVRAS TRANSPARENTES	NÚMERO DE PALAVRAS NÃO TRANSPARENTES CUJO SIGNIFICADO VOCÊ CONHECE	NÚMERO DE PALAVRAS RESTANTES

e. Agora some o número de palavras destacadas na primeira e na segunda colunas e responda: qual seu percentual em relação à terceira coluna?

_____

f. Reflita: a identificação de palavras transparentes pode facilitar a leitura do texto?

_____

Sugestões adicionais

- Saber identificar as palavras transparentes de um texto pode ajudar o leitor a ter uma ideia geral do que está para ler. Para testar esta estratégia, visite um ou mais *sites* listados na seção *Fontes de referência* (p. 203) e faça uma leitura rápida de alguns textos, focando a atenção nas palavras transparentes. Após a leitura rápida, faça uma leitura mais cuidadosa e reflita: a identificação de palavras transparentes facilitou a identificação da ideia geral do texto?
- O número de palavras transparentes em diferentes textos em inglês pode variar de acordo com o nível de formalidade do texto. Neste sentido, é provável que um texto formal contenha um percentual maior de palavras transparentes do que um texto informal. Teste essa probabilidade comparando, por exemplo, o percentual de palavras transparentes num trecho do verbete "*video game*" no *site* <http://en.wikipedia.org/wiki/Video_game>, e num trecho com mais ou menos o mesmo número de palavras retirado de um *blog* sobre um *video game*. Uma busca com as palavras "*blog about videogames*" pode levá-lo a outras fontes sobre o assunto.

2» USANDO PALAVRAS TRANSPARENTES NA COMPREENSÃO DE PALAVRAS DESCONHECIDAS

A situação

Você já sabe que apoiar-se em palavras transparentes pode facilitar a leitura de textos em inglês. Ao ler um folheto sobre *community safety* publicado em conjunto pela prefeitura e pela polícia de uma comunidade inglesa, você põe sua atenção nas palavras transparentes. Tal estratégia de fato facilita a sua leitura, mas algumas palavras transparentes vêm acompanhadas de palavras não transparentes – e cujos significados você desconhece. O que fazer?

O texto

What is anti-social behaviour?

1   The Crime and Disorder Act (1998) defined anti-social behaviour as "acting in a manner that caused or was likely to cause harassment, alarm or distress to one or more persons not of the same household (as the defendant)".
     Some examples of anti-social behaviour are:
5   • Aggressive and threatening behaviour
     • Intimidation and/or harassment by others
     • Verbal abuse
     • Criminal damage
     • Fly tipping (illegal dumping of rubbish)
10   • Vehicle related nuisance
     • Noise nuisance
     • Graffiti
13   […]

Folheto *Community Safety: Anti-social behaviour – where to go for help*, Wokingham Borough Council, Reino Unido.

A estratégia

Um trabalho sistemático com as palavras transparentes do texto (por exemplo, sublinhando-as) fará com que o leitor chegue a algumas conclusões importantes. Por exemplo, deve-se concluir que a palavra transparente *anti-social* é uma palavra-chave no texto, aparecendo três vezes (duas delas em subtítulos) e sempre acompanhada por *behaviour*. Mas suponhamos que o leitor não compreenda o

Palavra-chave (*key word*, em inglês) é um termo cuja compreensão é essencial para o entendimento de um texto.

Substantivo é um nome que designa um ser (*Mary*), lugar (*London*), objeto (*computer*) ou ideia abstrata (*generosity*).

Adjetivo é uma palavra que caracteriza um **substantivo** atribuindo-lhe qualidades (*generous woman*), aparência (*pretty woman*), estados (*healthy woman*) etc.

Locução (*phrase*, em inglês) é um conjunto de palavras que não forma uma frase completa mas que, em seu conjunto, tem significado próprio. Na frase "*The competent reader is able to understand the gist of a text*", são locuções *the competent reader; is able to undertand; the gist of a text*.

significado de *behaviour*. Até que ponto, então, a palavra transparente pode levar à compreensão da palavra desconhecida? Em geral, o leitor pode acionar seu conhecimento de mundo e formular hipóteses sobre substantivos que costumam vir acompanhados do adjetivo *anti-social*. Palavras como "pessoa", "homem", "mulher", "jovem" etc. podem vir à mente, mas uma posterior verificação no texto pode levar o leitor a concluir que o texto trata de algo *anti-social* em geral e não específico a uma ou mais pessoas. Essa conclusão, então, pode auxiliar o leitor a fazer novas previsões ao redor de palavras tais como "postura", "personalidade", "rede", mas é bem provável que a palavra "comportamento" também venha à mente. A leitura mais global do texto, e sobretudo a definição de *anti-social behaviour* que aparece no primeiro parágrafo, bem como a listagem de exemplos de *anti-social behaviour* que é dada mais adiante, devem confirmar ao leitor que *behaviour* é mesmo "comportamento".

Harassment é outra palavra que, se desconhecida, poderá ter seu significado inferido a partir do apoio em palavras transparentes que a acompanham. A locução *to cause harassment, alarm or distress* (linha 2) indica que *harassment* deve ser algo negativo como a palavra transparente *alarm*. O mesmo raciocínio pode auxiliar o leitor a concluir, se necessário, que *distress* (linha 2) também é algo de cunho negativo.

Situações desse tipo, com palavras usadas em sequências (ligadas por *and* e/ou vírgulas), podem levar o leitor a tirar importantes conclusões sobre o significado de palavras desconhecidas com base em palavras transparentes que aparecem no grupo. Dois outros exemplos: na linha 5, o leitor pode concluir que o termo *threatening* também tem significado negativo como a palavra transparente *aggressive* (à qual é ligada por *and*); na linha 6, o leitor confirma essa ideia através do uso da palavra *intimidation*, também com significado negativo, seguida de *and/or* antes de *harassment*.

Como visto, o apoio em palavras transparentes nem sempre permitirá ao leitor inferir o significado de palavras vizinhas. Às vezes (como no caso de *behaviour*) é possível fazer uma inferência mais fundamentada; outras vezes (como no caso de *harassment*, ou *distress*) a inferência será menos fundamentada. Mas em ambas as situações o uso desta estratégia é facilitador da leitura.

Haverá casos, porém, em que a aplicação desta estratégia não será suficiente para levar ao entendimento de palavras desconhecidas. No texto acima, por exemplo, será provavelmente impossível inferir o significado de *damage* (linha 8) apenas pelo apoio na palavra transparente *criminal*. Neste caso, o leitor poderia pensar em um grande número de hipóteses, além da ideia de "danos": "ataques", "ações", "projetos", entre outros. Como outras estratégias de leitura, o uso de palavras transparentes na compreensão de palavras desconhecidas deve ser posto em prática pelo leitor em situações em que a estratégia pode ser benéfica, e cabe ao leitor decidir se ela é adequada ou não. Neste último caso, outras estratégias deverão ser acionadas.

Aplique a estratégia

1 > a. Leia o parágrafo a seguir, sublinhando as palavras transparentes e circulando as palavras que você desconhece.

Gauguin's Titles

Words are an integral element in Gauguin's work. He explained that his paintings involved a 'musical part' – their composition, lines and colours – and a 'literary part' – the creation of a story that justified his aesthetic decisions. Devising the title was an essential part of the process, particularly so when it was carved into the frame or painted onto the canvas. However, these fragmentary texts never fully explain or close down the meaning of an image. The stories remain ambiguous.

Folheto da exposição *Gauguin: Maker of Myth*, Museu Tate Modern, Londres, 2010.

b. Complete a tabela a seguir.

PALAVRA DESCONHECIDA	PALAVRA(S) TRANSPARENTE(S) PRÓXIMA(S) À PALAVRA DESCONHECIDA	HIPÓTESES SOBRE O SIGNIFICADO DA PALAVRA DESCONHECIDA

c. Use um dicionário para verificar o significado das palavras listadas na primeira coluna e reflita: até que ponto o apoio em palavras transparentes pode contribuir para o entendimento dessas palavras?

2 > a. Leia o texto a seguir. Enquanto lê, sublinhe as palavras transparentes e circule as palavras que desconhece.

Construction & the Built Environment

Like many other industries, construction is becoming increasingly multinational, both in the composition of the workforce and in the reach of its markets. There will be plenty of opportunities, now and in the future, for people with language skills and intercultural awareness.

Minicartaz, CILT, The National Centre for Languages, Reino Unido, 2007.

b. Agora traduza o texto para o português, apoiando-se nas palavras transparentes para inferir o significado do vocabulário que você desconhece.

_____

_____

_____

_____

_____

c. Confira suas previsões na tradução que se encontra na seção *Respostas dos exercícios* (p. 192).

Sugestões adicionais

- Leia um artigo de jornal *online* (para sugestões de *sites*, vá ao *link* http://www.onlinenewspapers.com/). Ao ler o artigo, sublinhe as palavras transparentes e circule as palavras que desconhece. Numa segunda leitura, apoie-se nas palavras transparentes para inferir o significado das palavras desconhecidas, anotando algumas possibilidades para esses significados. Em seguida verifique tais significados num dicionário bilíngue e avalie: o uso da estratégia auxiliou o processo de inferência?

- Visite um *site* de sua escolha (consulte a seção *Fontes de referência* na p. 203) e selecione um trecho que gostaria de ler. Faça a leitura desse trecho apoiando-se nas palavras transparentes para inferir o significado de palavras desconhecidas. Numa folha de papel, faça uma lista com algumas das palavras desconhecidas, bem como seus possíveis significados. Em seguida faça uma busca das palavras listadas na Internet, acesse alguns *sites* em que elas aparecem e verifique se suas previsões são coerentes, isto é, se suas previsões fazem sentido em outros contextos de uso dessas palavras.

3» PRESTANDO ATENÇÃO AO TÍTULO DE UM TEXTO, SUAS IMAGENS, SUAS CARACTERÍSTICAS TIPOGRÁFICAS

A situação

Seu conhecimento da língua inglesa é básico, e você não costuma ler textos em inglês porque acha que não vai conseguir fazer essas leituras com facilidade. Mas a seu lado está uma revista em inglês, e você folheia a revista com curiosidade. Um pequeno texto, acompanhado de imagens, chama a sua atenção. As imagens lhe são familiares, e você se pergunta: "Será que essas imagens podem me ajudar a entender o texto?"

O texto

HOW TO PREPARE
PASSION FRUIT

1. **Cut the passion** fruit through the middle with a sharp knife.
2. **Use a spoon** to remove the pulp and seeds.
3. **Serve over Greek** yogurt with a drizzle of honey, if liked.

Asda Magazine, Londres, February 2011, p. 19.

A estratégia

Uma rápida tentativa de responder à sua pergunta inicial pode levá-lo a concluir que, sim, as imagens podem (e devem!) apoiar a sua leitura do texto. Todas elas retratam usos do maracujá, e você pode concluir que o texto vai tratar de algum aspecto da fruta. Um outro aspecto das imagens pode trazer mais informações sobre o texto: as imagens aparecem em sequência. Primeiro, vê-se um maracujá cortado ao meio; em seguida, o mesmo maracujá aparece cortado mas sem a polpa e as sementes (estas são vistas numa colher ao lado da fruta); finalmente, polpa e fruta aparecem num prato de iogurte. Essa sequência sugere, então, que o texto trata de

Corpo de letra é o tamanho da letra numa composição tipográfica. Por exemplo, este texto usa um corpo de letra 7 pt e o título desta seção (onde se tem o nome da estratégia) usa um corpo de letra 12.5 pt.

Caixa alta refere-se à escrita em letras maiúsculas (*capital letters*, ou *caps*, em inglês). O contrário de caixa alta chama-se caixa baixa (escrita usando-se letras minúsculas; *small letters*, em inglês).

Gêneros textuais (*textual genres*, em inglês) são realizações linguísticas, orais ou escritas, estabelecidas em um grupo social. Essas realizações são reconhecidas e produzidas pelos membros do grupo a partir de suas convenções de forma e conteúdo. Alguns exemplos são bilhetes, *e-mail*, comerciais de TV, receitas, recibos, poemas.

Fontes tipográficas são conjuntos de caracteres tipográficos de mesmo estilo utilizados para compor os textos de livros, por exemplo, Arial, Times New Roman, Courier.

uma sequência de procedimentos, e essa sugestão pode ser confirmada com o fato de que o texto contém uma lista com exatamente três passos.

Como você vê, muita coisa pode ser "lida" nas imagens que compõem um texto. No caso do texto acima, há dois outros aspectos visuais que contêm importantes informações. Primeiramente, o título do texto. Você sabe, com base no seu conhecimento de textos em português, que o título de um texto aparece no seu início, e que às vezes ele utiliza uma fonte diferente, para dar maior destaque. Isso acontece no texto acima: seu título usa um corpo de letra maior, caixa alta e uma cor diferente. Tudo isso contribui para dar ao título um aspecto visual mais destacado com relação ao restante do texto. Esse destaque, combinado com o uso das palavras transparentes *prepare* e *fruit*, deve auxiliar o leitor a prever o conteúdo do texto.

O segundo aspecto visual que pode ajudar o leitor a ler o texto acima é o uso de negrito (*bold*), um recurso tipográfico utilizado para comunicar que certas partes do texto são mais importantes do que outras. De fato, no exemplo acima, os trechos em negrito contêm as informações centrais dos procedimentos listados. Um leitor que tenha conhecimento básico de inglês pode concluir, ao focar sua atenção nesses trechos, que *Cut the passion fruit* significa "Corte o maracujá" (*cut* não é totalmente transparente, mas é de fácil inferência nesse contexto; *passion fruit* também é de fácil inferência a partir da palavra transparente *fruit* e das fotos do maracujá). O trecho seguinte (*Use a spoon*) também contém uma palavra transparente (*use*) e o significado de *spoon* pode ser inferido com o apoio da segunda imagem. Finalmente, *Serve over Greek yogurt* é de fácil compreensão a partir das mesmas estratégias (apoio nas palavras transparentes *serve*, *Greek* e *yogurt* e na imagem correspondente).

Nós vivemos cercados de informações que nos são dadas visualmente. Por um lado, isso não é uma novidade: a humanidade vem comunicando ideias através de imagens há milênios (por exemplo, em pinturas rupestres, hieróglifos e outras formas de escrita como o sistema chinês de caracteres). Mas vimos observando nas últimas décadas uma intensificação do uso de imagens em gêneros textuais que, no passado, não faziam tanto uso da comunicação visual, tais como artigos de jornais, livros didáticos, anúncios. Isso sem falar no impacto da Internet, que faz uso intenso de recursos visuais em seus textos e que comunica não apenas através de palavras mas também através de cores, fontes tipográficas, fotos, ilustrações diversas, *layout*, entre outros.

É importante notar que precisamos aprender a usar esses recursos como fontes de informações. É comum, por exemplo, encontrarmos leitores que não atentam para o uso de itálico ou negrito em um texto, ou mesmo que não observam o título de um texto e as imagens que o acompanham. É importante aprender a prestar atenção nos recursos visuais que acompanham a parte escrita de um texto. Esses dois aspectos (o visual e o verbal) contribuem em conjunto para a produção de sentido em um texto, e um leitor competente precisa atentar para ambas as formas de comunicação.

Vale lembrar que nem sempre o uso integrado de títulos, imagens e outros recursos tipográficos é tão evidente como no exemplo desta seção. Há gêneros textuais que não costumam conter imagens (por exemplo, recibos ou documentos legais) e nem sempre as informações dadas apresentam variação de recursos tipográficos (por exemplo, não há uso de negrito ou itálico ou de palavras em caixa alta neste parágrafo – mas note que os sinais de pontuação aqui usados são também um tipo de comunicação não verbal). Concluindo, é importante saber incorporar e balancear as informações que são dadas verbalmente (através de palavras) e não verbalmente para construir sentidos para o texto.

Aplique a estratégia

1 > O minicartaz abaixo foi produzido pelo National Health Service, órgão de saúde pública do Reino Unido. Leia o cartaz e responda:

a. Quais são as *life's little health emergencies* de que trata o texto?

_____

_____

_____

_____

_____

_____

b. As imagens do texto têm função apenas decorativa ou elas comunicam informações?

_____

_____

c. Alguma das imagens auxiliou o seu entendimento do texto?

2 > a. Observe a seguinte imagem. Ela acompanha um pequeno artigo de uma revista, antecedendo o título desse artigo. Sobre o que você acha que é o artigo?

b. Agora leia o título do artigo. Ele confirma sua previsão acima ou faz você repensar sua previsão?

SWITCHED-ON PARENTS

c. Leia o texto principal do artigo. Depois, reflita: a leitura da imagem e do título facilitou a sua leitura?

¹ There are ways to restrict your child's access to web porn. A filter for your search ⁵ engine, such as Google SafeSearch, can be used to block access to unsuitable sites. You can also download ¹⁰ password-protected ¹¹ parental-control ¹² software such as Net Nanny (around £18) or Norton Online Family ¹⁵ (free). Many filters allow you to restrict the amount of time a child is on the net, and some will alert you with a ²⁰ text message if your child tries to access an ²² off-limits site. But no ²³ software is a substitute for dialogue and trust. ²⁵ The NSPCC advises parents to talk to their children about the potential dangers of the internet. Visit <www. ³⁰ childnet-int.org/> for a wealth of advice and tips on internet safety ³³ for your kids.

The Sunday Times, Londres, 19 dez. 2010. p. 23.

Sugestões adicionais

- Para praticar a estratégia, leia, de forma gradativa, um artigo de jornal *on-line* ou impresso. Primeiro, observe a(s) imagem(ns) que acompanha(m) o artigo e pense: de que trata o texto? Em seguida, leia a manchete do artigo e verifique sua previsão original, modificando-a e/ou complementando-a, se necessário. Depois, leia o texto todo, verificando mais uma vez suas previsões. Finalmente, reflita sobre o uso da estratégia: ela auxiliou a leitura do texto?
- Para testar o efeito da estratégia, faça uma experiência "ao contrário": leia rapidamente um texto sem prestar atenção no seu título ou imagens e tente ter uma ideia do mesmo. Em seguida, observe os elementos não verbais (imagens, trechos destacados) e pense: até que ponto a leitura inicial teria sido facilitada caso você tivesse explorado os elementos não verbais logo de início?

4>> LENDO UM TEXTO RAPIDAMENTE PARA ENTENDIMENTO DE SUA IDEIA GERAL (*SKIMMING*)

A situação

Você está navegando na Internet, lendo um jornal *on-line*. A manchete de uma notícia chama sua atenção, mas você não tem tempo suficiente para ler todo o artigo com calma, pois o tempo de sua conexão está se acabando. O que você deve fazer? Deve desistir de ler o artigo que lhe gera interesse, deve ler só uma parte do artigo, ou será que é possível fazer uma leitura rápida de todo o texto a fim de obter uma ideia geral do mesmo no pouco tempo disponível?

O texto

Teenage pupils deserve 11am lie-in, says head

Adolescents benefit from a later start to the day, claims Oxford professor after tests on memory

Paul Gallagher, The Observer, Sunday 8 March 2009

1   A pioneering headteacher is calling for all secondary schools to follow his lead and start classes at 11am, allowing teenagers two hours extra in bed.

Dr Paul Kelley, head of Monkseaton Community High School in North Tyneside, said it would mean the end of "teenage zombies" dozing off in lessons before lunch,
5   after experiments showed teenagers could have different body clocks from adults and younger children.

Russell Foster, an Oxford professor of neuroscience, tested the memory of 200 Monkseaton pupils at 9am and 2pm using pairs of words, and discovered a 9% improvement in the afternoon. Students correctly identified 51% of word pairs in the
10   later session, compared with 42% in the morning. Tayler McCullough, 15, one of the test subjects, said the majority of students would welcome the extra hours in bed. "I'm extremely hard to get up in the morning. One or two people like to get to school early, but most of us would be up for going in later. I'm sure it would make a big difference to our learning ability."

15   Kelley is adamant a change of school timetable will have a significant impact on exam performance. He said: "Teenagers aren't lazy. We're depriving them of the sleep they need through purely biological factors beyond their control. This has a negative impact on their learning, and possibly on their mental and physical health. We've just learnt of this, but it is vital that we act on it.

20   [...]

Disponível em: <http://www.guardian.co.uk/education/2009/mar/08/teenagers-sleep-education-secondary-school>.
Acesso em: 5 abr. 2011.

A estratégia

Uma leitura rápida do texto pode dar ao leitor uma ideia geral do assunto: é possível concluir, nessa leitura rápida, que o texto trata da ideia controversa de um diretor de uma *high school* que defende o atraso do início das aulas por duas horas a fim de que os alunos adolescentes possam dormir mais de manhã. Uma leitura rápida pode também levar o leitor a concluir que a ideia proposta é sustentada com base em pesquisa científica sobre o horário do dia em que a memória humana funciona melhor.

O uso de *skimming* na leitura de um texto requer o esclarecimento de alguns pontos importantes. O primeiro deles é que esta estratégia (assim como quaisquer outras estratégias) não é potencialmente útil nem recomendável em toda e qualquer situação de leitura. Se você precisa achar detalhes específicos num texto, é provável que uma leitura rápida não lhe dê acesso a esses detalhes – mas é possível que uma leitura rápida inicial possa ajudá-lo a localizar a parte do texto em que tais detalhes se encontram. *Skimming* também não será útil se você lê, digamos, um livro em inglês por prazer ou para aprendizagem de fatos e/ou vocabulário. Por definição, *skimming* está associado a uma leitura rápida para ideia geral, e não é sempre que esse objetivo se adequa ao propósito da leitura. É sempre importante que o leitor tenha clareza de seus objetivos ao ler.

Outro ponto importante sobre o uso de *skimming* (e esse ponto é especialmente relevante se você é professor de inglês, e se tem alunos de diferentes idades) consiste no fato de que muitos alunos podem reagir negativamente ao pedido de uma leitura rápida, alegando que, para ler, precisam ter um entendimento de todo o vocabulário do texto. Tal crença pode trazer ao leitor um sentimento de frustração e incerteza ao fazer uso de *skimming*, já que uma leitura rápida de um texto não dará necessariamente acesso a todos os detalhes do texto, e possivelmente também não permitirá ao leitor que confirme ou refute algumas de suas inferências. Pode ser necessário, então, que você ajude seus alunos a compreender que podemos e devemos ler de formas diferentes, dependendo do contexto e objetivo de cada leitura. Tal redefinição do processo de leitura é especialmente importante no trabalho com alunos mais velhos, ou com leitores não acostumados ao excesso de informações encontrado, por exemplo, na Internet: para lidar com a enorme quantidade de informações na *web* é muito importante identificar quando *skimming* é a estratégia ideal.

Finalmente, uma pergunta importante em se tratando de *skimming*: é possível aprender a usar a estratégia de forma mais eficaz?

Pesquisas na área indicam que sim. Para desenvolver a capacidade de *skim through a text*, recomenda-se que o leitor estabeleça um tempo específico para fazer a leitura de um texto, e que vá gradualmente diminuindo tal tempo ao fazer a leitura de textos de tamanho e grau de dificuldade similares. Para *skim* um texto, inicie sua leitura projetando sua atenção para títulos, imagens e outras informações em destaque (por exemplo, em negrito ou sublinhadas). Depois, deixe seus olhos "caminharem" sobre o texto rapidamente, sem se prender num ponto específico do mesmo. Outra técnica de aprendizagem de *skimming* utiliza a leitura do primeiro e do último parágrafos de um texto, juntamente com a leitura das primeiras frases de cada parágrafo para identificação da ideia geral de um texto.

Skimming pode ser uma estratégia muito útil em termos mais gerais em diversas situações: quando não se tem ou não se quer gastar muito tempo numa leitura; quando se tem acesso a muitas informações ao mesmo tempo; quando se navega na Internet de uma forma mais livre; quando se quer decidir se vale a pena ler um texto com mais cuidado. A estratégia é, também, particularmente útil no contexto de testes em que se tem pouco tempo para ler um ou mais textos e responder questões sobre esse(s) texto(s).

Aplique a estratégia

1 > Os dois parágrafos seguintes têm aproximadamente o mesmo número de palavras e têm também semelhante grau de dificuldade. Leia o primeiro parágrafo usando seu tempo e ritmo normais de leitura, e anote o tempo usado na leitura. Em seguida, faça a leitura do segundo parágrafo usando a metade do tempo que você usou na leitura do primeiro texto, e responda: qual é a ideia geral do segundo parágrafo?

_____

_____

> British men are the most indecisive festive shoppers in Europe. They take an average of 15 days to choose a present for their loved ones, according to a survey of more than 1,000 men across France, Italy, Germany, Spain and Britain. This is 3½ days more than men in the other countries take to decide what to buy.
>
> *The Sunday Times*, News Review, Londres, 19 dez. 2010. p. 12.

> The most successful dieters are those who start slimming at the age of 28. According to a new study, by the time women reach their thirties they are often too busy to watch their weight and by their forties they have lost interest in getting into shape. By contrast women in their late twenties trim down faster because they have more time and willpower.
>
> *The Sunday Times*, News Review, Londres, 9 jan. 2011. p. 10.

2 > a. Trace uma linha vertical no centro do parágrafo a seguir e *skim* o texto, linha por linha, da esquerda para a direita, por toda a extensão de todas as linhas, sem se preocupar em construir um sentido para o texto. Repita o movimento quantas vezes achar necessário até que ele fique automático.

> [...]
> Religion, politics, technology, economics and culture have interwoven to explain how a language spoken by a mere 400 or so in the fifth century came to be spoken by a respectable 4 million in the sixteenth – and in the twentieth century by an impressive 400 million as a mother tongue, and an extraordinary further 1,400 million as a second or foreign language. This book illustrates where the language is now, where it has been, and – perhaps most important of all – where it is heading, for the new varieties of the language appearing in world literature and on the internet show that this incredible story is by no means over. Some of these 'new Englishes' are currently in their infancy, but history suggests that any book of the language a century hence would present a very different portrait of world English from the one we see today.
> [...]
>
> Crystal, David. *Evolving English: One language, many voices*. Londres: The British Library, 2010. p. 9.

b. Agora volte ao início do texto e *skim through it* usando a técnica praticada no exercício (a), a fim de responder a pergunta: Qual é a ideia geral do texto?

_____

_____

_____

Sugestões adicionais

- Use *skimming* para ler o resto do artigo apresentado no início desta seção (o texto integral está disponível em: <http://www.guardian.co.uk/education/2009/mar/08/teenagers-sleep-education-secondary-school>). Antes de ler, estabeleça um tempo que você acredita ser adequado para *skim* o texto.
- Pratique a estratégia lendo a reportagem principal de um mesmo jornal *on-line* durante vários dias. Anote sempre o tempo que você leva para *skim* cada reportagem, e tente diminuir esse tempo gradualmente.
- Visite um jornal *on-line* e escolha uma notícia de seu interesse. Em seguida, leia o primeiro parágrafo da notícia, a primeira frase (ou linha, se os parágrafos forem compostos de uma só frase) dos parágrafos subsequentes, e o parágrafo final. Identifique a ideia geral do texto e escreva-a num pedaço de papel. Depois, faça uma leitura mais detalhada do texto, verifique sua ideia geral e depois reflita: o uso de *skimming* foi útil?
- Você pode ler mais sobre *skimming*, bem como praticar a estratégia, visitando o *site* <http://www.bbc.co.uk/skillswise/words/reading/techniques/skimming/index.shtml>.

5» LENDO UM TEXTO À PROCURA DE INFORMAÇÕES ESPECÍFICAS (*SCANNING*)

A situação

Você está fazendo um teste de inglês, desses que incluem a leitura de um texto e posterior atividade de compreensão, com alternativas que devem ser assinaladas como falsas (F) ou verdadeiras (V). O texto não é muito longo, e as alternativas são poucas. No entanto, há um problema: o tempo disponível para a atividade de leitura é pequeno, e você não vai conseguir ler o texto todo. O que você pode fazer?

O texto

1   TB (tuberculosis) is an infectious disease that usually affects the lungs, although it can affect any part of the body.

About 150 years ago, it caused about one in eight of all deaths in the UK, but in the 1980's, with better housing and nutrition and effective treatments, it
5   had become uncommon in the UK with 5745 cases in 1987.

However, TB had not been wiped out completely. Over the last 20 years numbers in the UK have been rising slowly. About 7000 people now get TB each year – just over one person in every 10,000 of the population.

9   TB is not easily caught – you have to be in close and lengthy contact with someone with TB (for example, living in the same household) – but everybody should be aware of the symptoms of the disease so they can seek treatment as
12   soon as possible.

Folheto *TB: Tuberculosis – the disease, its treatment and prevention*, National Health Service, Reino Unido, 2007.

VERDADEIRO OU FALSO?

(   ) A tuberculose afeta apenas os pulmões.

(   ) A tuberculose passou a ser mais e mais rara entre meados do século XIX e do século XX, mas ela não foi totalmente erradicada.

(   ) Nos últimos 20 anos os casos de tuberculose no Reino Unido vêm aumentando.

(   ) A tuberculose é uma doença contagiosa para a qual não há tratamento.

41 / PARTE 2: RECURSOS

A estratégia

ENEM é o Exame Nacional do Ensino Médio, que tem como objetivo avaliar o desempenho do estudante brasileiro ao final da escolaridade básica. Algumas instituições de ensino superior utilizam o exame como critério único ou complementar nos seus processos de seleção.

TOEFL® é um teste de inglês usado por universidades e outras instituições para verificar o nível de proficiência em língua inglesa daqueles que não são falantes nativos de inglês. O teste abrange as quatro habilidades linguísticas (*Reading*, *Speaking*, *Listening* e *Writing*) e as iniciais que compõem seu nome significam *Test of English as a Foreign Language*.

IELTS é o *International English Language Testing* que, assim como o **TOEFL®**, tem como objetivo verificar a proficiência de falantes não nativos de inglês nas quatro habilidades linguísticas em inglês.

No pouco tempo disponível, é possível *scan* o texto, quer dizer, fazer uma leitura procurando as informações específicas de que você precisa. Mesmo sem ler todo o texto, você pode partir das afirmativas das quatro alternativas e ir ao texto para verificar se elas são confirmadas ou não. Por exemplo, para responder à primeira alternativa, você focaliza sua atenção na parte do texto que fala de pulmões (*lungs*), e lá verifica que *TB (tuberculosis) is an infectious disease that usually affects the lungs, although it can affect any part of the body* (linhas 1-2). A percepção do uso de *usually* é importante para a realização da tarefa, e o trecho *it can affect any part of the body* (linha 2) confirma o fato de que a alternativa é falsa. Note que, mesmo que você não saiba que *lungs* significa "pulmão", você pode concluir que a afirmativa é falsa a partir do trecho *it can affect...* (linha 2).

Nesse tipo de exercício, e na aplicação desta estratégia, é importante prestar atenção a termos que restrigem (tais como *only* ou *sometimes* ou *often*) e que negam (*not* e derivados, tais como *doesn't*, *won't*, entre outros) as afirmações dadas.

Ao aplicar esta estratégia é preciso também levar em conta que, muitas vezes, as informações que procuramos não estão localizadas numa única frase. A identificação dessas informações pode depender da leitura de mais de uma parte do texto. Isso acontece, por exemplo, com a segunda afirmativa. Para julgá-la, o leitor precisa atentar para as estatísticas apresentadas nas linhas 3-8 e para o trecho *TB had not been wiped out completely* (linha 6).

Assim como acontece com *skimming*, a estratégia *scanning* pode ser utilizada com maior ou menor nível de proficiência. Para desenvolver sua habilidade de *scanning*, você pode selecionar textos e exercícios de diferentes graus de dificuldade, partindo de tarefas para iniciantes (encontradas em livros didáticos ou na Internet) e seguindo para tarefas de exames mais complexos (por exemplo, vestibular, ENEM, ou testes internacionais tais como o TOEFL® ou o IELTS).

Neste ponto, você pode estar se perguntando: mas *scanning* só é útil no contexto de testes e perguntas de compreensão (do tipo múltipla escolha, verdadeiro ou falso, relacione as colunas, entre outras)? A resposta para essa pergunta é "não". É comum lermos um texto procurando informações específicas, e nesses casos fazer um *scanning* do texto é suficiente para o objetivo da leitura. Leitores procuram informações específicas quando, por exemplo, leem o jornal para saber o resultado de um jogo de futebol, leem um quadro de horários no aeroporto, examinam as informações nutricionais de um alimento no supermercado, observam a programação da TV para decidirem a que programa vão assistir. Nesses casos, não se faz a leitura integral do texto: faz-se um *scanning*.

Outro ponto importante a ser ressaltado sobre *scanning* é que, como comumente acontece no uso de estratégias, a leitura de um texto à procura de informações específicas pode ser auxiliada por estratégias suplementares. O apoio em palavras transparentes pode ser útil durante o processo de *scanning*. Por exemplo, no texto acima, o apoio na palavra *treatment* (linha 11) pode auxiliar o leitor a decidir se há ou não tratamento para a tuberculose, aspecto abordado na alternativa 4. Havendo tempo, um *skimming* inicial, antes do processo de *scanning*, pode também auxiliar o leitor a localizar mais facilmente certas informações num texto.

Além dessas estratégias, *scanning* está relacionado com outras estratégias que vamos explorar neste livro, como "Prevendo as respostas às perguntas sobre um texto" ou "Formulando perguntas sobre um texto antes da leitura".

Aplique a estratégia

1 > a. Observe as alternativas a seguir. Em seguida marque (V) ou (F) para cada uma delas, de acordo com o texto. Para responder, não leia todo o texto. Concentre-se apenas em achar as informações que você procura para fazer o exercício.

I. ( ) Nathan Scott é um cientista de uma universidade australiana.
II. ( ) De acordo com o estudo descrito no texto, os tubarões são praticamente cegos.
III. ( ) O estudo comprova que os olhos dos tubarões e dos seres humanos são idênticos.
IV. ( ) Os olhos humanos são sensíveis a três tipos de cores.

Color-blind sharks

The BBC has reported the results of a study carried out by Nathan Scott Hart and colleagues from the University of Western Australia and the University of Queensland, Australia which suggests that sharks are color-blind. The scientists, who examined retinas of 17 different species of shark, discovered that the creatures had only one type of color-sensitive cell, known as cone cell, in their eyes whereas human eyes have three cone cell types, with each type dedicated to receiving either blue, green or red light.

Mail Today, New Delhi, 21 jan. 2011. p. 28.

b. Agora leia todo o texto com calma e verifique suas respostas. Aproveite para refletir: o uso de *scanning* contribuiu para a realização da tarefa com acuidade e rapidez?

2 > a. Você vai visitar o British Museum, em Londres, e pretende almoçar por lá. No folheto que recebe à entrada do museu há informações gerais, organizadas nas seguintes seções. Qual delas você lerá para procurar informações sobre locais para comer no museu?

    I. ( ) Opening times   IV. ( ) Maps and guides
    II. ( ) Eating   V. ( ) Become a member
    III. ( ) Shopping

b. Você quer comer uma massa, mas não pretende gastar muito tempo nessa refeição. Leia as informações sobre os locais onde se pode comer no museu e identifique, através de *scanning*, qual o local mais apropriado.

Eating

Court Restaurant Enjoy fine dining with an à la carte menu or a classic afternoon tea. A family-friendly menu is also available.

Court Cafés Freshly made sandwiches and snacks, salads, cakes, and hot and cold drinks. Children's lunchboxes are also available.

Gallery Café Pasta, sandwiches, soups, salads, desserts, and drinks, all in a family-friendly atmosphere. Children's lunchboxes are also available.

Family Picnic Area At weekends and during school holidays, families with children can use the Ford Centre for Young Visitors (downstairs on the south side of the Great Court) as a picnic-style eating area.

Folheto *Museum map*, The British Museum, 2010.

Sugestões adicionais

- O *site* <http://inventors.about.com/od/astartinventions/a/FamousInvention.htm> contém informações sobre invenções. Acesse-o e selecione alguns itens de seu interesse. Para cada uma dessas invenções, faça uso de *scanning* a fim de obter as seguintes informações: data e local da invenção; nome e nacionalidade do/a inventor/a.

- Leia um jornal *on-line* de sua escolha, *scanning* algumas reportagens de seu interesse a fim de responder *WHAT* (o que aconteceu), *WHERE* (onde), *WHEN* (quando), *WHO* (as pessoas envolvidas), *HOW* (o modo como o fato ocorreu) e *WHY* (as razões que levaram ao acontecimento). Lembre-se de que nem todas as reportagens incluirão todas essas informações, mas é comum textos jornalísticos serem organizados ao redor desses elementos.

- Para maior prática de *scanning*, faça uma busca na Internet por "scanning exercises".

- O *site* <http://download.uol.com.br/educacao/enem2010/provas/AZUL_Domingo.pdf> contém provas recentes do ENEM. Visite o *site* e faça as atividades que correspondem à língua inglesa usando *scanning*. Depois de verificar as respostas reflita se a estratégia facilitou a realização do exercício.

- O *site* <http://www.bbc.co.uk/skillswise/words/reading/techniques/scanning/index.shtml> contém mais informações e atividades para praticar a estratégia, incluindo um jogo interativo.

- Se você ensina inglês, pode promover jogos para a prática de *scanning* na classe. Distribua o mesmo texto para diferentes grupos e peça para cada um localizar informações específicas no texto, marcando pontos para aqueles que primeiro conseguirem. Para esse tipo de atividade use textos como folhetos, páginas de *web* que contêm horários de funcionamento de algumas atrações, manuais de instruções para uso de um produto etc.

6》 USANDO UM DICIONÁRIO BILÍNGUE

A situação

Você procura informações sobre enxaqueca e acha um folheto que parece ser sobre o assunto, mas você não tem certeza. Vários pontos do texto são de difícil leitura. Você quer saber se o texto realmente trata do assunto que lhe interessa, mas está na dúvida em como proceder. Ocorre-lhe que um dicionário pode ser útil nessa situação, mas você hesita: Que tipo de dicionário deve consultar? Quais informações o dicionário pode lhe dar? Como você deve procurar as palavras no dicionário? Como selecionar as palavras que devem ser procuradas?

O texto

What is Migraine?

1 A migraine is characterised by an intense throbbing headache, often on one side of the
2 head, plus 2 or more of the following symptoms:

3 • increased sensitivity to light, sound and/or smells
4 • nausea and/or vomiting and/or diarrhoea
5 • other neurological symptoms such as visual disturbances, pins and needles or numbness on
6 the affected side – *these symptoms are known as migraine aura*

7 Not all sufferers experience all of the above symptoms and sufferers are symptom-free
8 between attacks. The frequency of attacks varies, but the average is 13 per year.

Folheto *Fitting the pieces together*, Migraine Action Association, Reino Unido.

A estratégia

Tantas perguntas são feitas na situação acima! Mas a pergunta básica é mesmo a inicial: O assunto do texto é mesmo "enxaqueca"? Pode-se concluir pelo título do texto (*What is migraine?*) que, para responder a essa pergunta, é necessário compreender o significado de *migraine*. Há dois caminhos para isso. O primeiro é ler o restante do texto e, pela caracterização dada no primeiro parágrafo, bem como pela lista de sintomas que compõem o texto, chegar a uma conclusão. O segundo caminho parece ser mais simples: fazer uma consulta ao dicionário, e verificar o verbete *migraine*.

Classe gramatical (em inglês, *part of speech* ou *word class*) é uma nomenclatura gramatical usada para descrever as categorias que as palavras desempenham de acordo com sua forma e função, por exemplo, verbo, substantivo, adjetivo, advérbio etc.

Gênero (*gender*, em inglês) é uma categoria gramatical que envolve a noção de masculino e feminino. Em português, os **substantivos** variam em gênero (o livro, a casa), mas isso não acontece em inglês. Em inglês, a noção de gênero estabelece-se com alguns substantivos em associação à noção de sexo (*boy* = *he*; *girl* = *she*), mas de uma forma geral os substantivos têm gênero *neutro* em inglês (*book* = *it*, *hose* = *it*).

Flexão é a modificação de uma palavra para exprimir as categorias gramaticais (número, gênero, pessoa etc.). Por exemplo, em "*she reads*" o **verbo** "*read*" é flexionado para configurar a 3ª pessoa do singular. Em inglês, além de flexão verbal, há também flexão de número (*one dog*, *two dogs*; *one child*, *two children*). Ao contrário do processo de derivação, a flexão não implica a criação de novas palavras.

Derivação é um processo de formação de novas palavras através de, por exemplo, o uso de **afixos**, a partir de uma palavra original. Por exemplo, as palavras *unhappy* e *happily* são derivadas de *happy*.

Prefixo é um **afixo** usado no início de uma palavra a fim de adicionar um novo sentido à palavra original. Por exemplo, *re-* é um prefixo que indica "fazer novamente" e é encontrado em *rename*, *redo*, *rewrite*, entre outros.

Mas qual dicionário? Um dicionário bilíngue ou um dicionário convencional? Aqui, a resposta é fácil. Um dicionário convencional, todo em inglês, trará possivelmente uma descrição semelhante à que se tem no texto e não resolverá a dúvida do leitor. Um dicionário bilíngue, ao contrário, trará a tradução em português e resolverá a dúvida rapidamente. Uma consulta à palavra *migraine* num dicionário bilíngue oferece a seguinte informação:

> **migraine** /'maɪɡreɪn/ (AmE) /'miɡreɪn/ (BrE) *n* enxaqueca *f*

De fato, a consulta ao verbete resolve o problema inicial, esclarecendo que *migraine* é mesmo "enxaqueca". Mas tal consulta lhe dá outras informações, e você fica curioso para entender o que elas significam. O que são esses símbolos entre barras? O que é o *n*? O que é *f*? Respondendo às suas perguntas: os símbolos representam a transcrição fonética da palavra *migraine*, tanto na sua variante americana (AmE) quanto na britânica (BrE), utilizando um sistema de notação que deve estar explicado no início do dicionário; *n* representa *noun* (substantivo), a classe gramatical da palavra em foco; *f* significa "feminino", gênero da palavra em português.

Neste ponto você pode estar se perguntando: "Mas como fazer para compreender todos os símbolos e abreviações que aparecem num dicionário?" A resposta é fácil: um bom dicionário sempre contém uma lista de símbolos e/ou esclarecimentos sobre como utilizá-lo e que tipo de informações adicionais contém. Esses esclarecimentos costumam aparecer na parte inicial dos dicionários. Vale explorá-las e se familiarizar com elas no dicionário que você tem ou consulta com frequência. E, claro, ao fazer uma consulta a um dicionário você não precisa necessariamente entender todas as informações sobre o verbete consultado, mas apenas *scan* as informações de que necessita.

Outro ponto importante no que se refere à consulta de palavras no dicionário envolve a decisão de "como" fazer a consulta, isto é, que verbete deve ser procurado. Esta pode parecer uma pergunta óbvia, mas não é. Se você ensina inglês, sabe que os alunos muitas vezes se esquecem de que as palavras devem ser procuradas na sua forma básica, isto é, se quer consultar a palavra *smells* (linha 3) deve procurar por *smell*, no singular; se quer consultar *following* (linha 2), deve procurar *follow*; se quer procurar *increased* (linha 3), deve procurar *increase*. Os verbetes de um dicionário sempre são iniciados por palavras em sua forma básica, sem derivações (por exemplo, flexão de plural ou flexão verbal, derivação através de prefixos ou sufixos).

46 / PARTE 2: RECURSOS

É importante também lembrar a mecânica da procura ao se usar um dicionário impresso: no alto das páginas esquerda e direita há *guide words* que indicam a primeira e última palavra naquelas duas páginas, respectivamente. Se você usa um dicionário *on-line* (por exemplo, <http://dictionary.reverso.net/english-portuguese/>) torna-se mais fácil: é só escrever a palavra que procura no campo de busca da página principal do dicionário.

Finalmente, vale ressaltar que nem tudo que você desconhece • precisa (ou deve!) ser procurado num dicionário. Uma leitura deve ser sempre orientada pelos seus objetivos, e só deve ser mesmo verificado num dicionário o que é essencial para o objetivo daquela leitura. Lembre-se, por exemplo, de que quando lemos um texto à procura de informações específicas (*scanning*) só precisamos compreender tais informações. A identificação das palavras-chaves (*key words*) de um texto nem sempre é automática, e vamos tratar dessa estratégia em outro momento (na seção "Identificando o vocabulário que precisa (ou que não precisa) ser compreendido numa leitura").

Mais comumente, precisamos fazer adivinhações fundamentadas sobre o significado de palavras que desconhecemos num texto e, mais uma vez, diferentes estratégias podem nos apoiar aqui, tais como o uso das palavras transparentes vizinhas (como vimos anteriormente) e outras que vamos explorar mais adiante neste livro. Uma estratégia importante é saber identificar o significado da palavra que procuramos no dicionário, já que algumas palavras podem ter mais de um significado. Vamos tratar dessa estratégia na próxima seção.

> **Sufixo** é um **afixo** adicionado ao final de uma palavra, formando uma nova palavra com sentido diferente da original. Por exemplo, *-ly* é um sufixo formador de **advérbios** que, adicionado ao **adjetivo** *competent*, forma o advérbio *competently*.

Aplique a estratégia

1 > Leia os verbetes a seguir e marque com um X na tabela as informações que são dadas em cada um.

	VERBETE 1	VERBETE 2	VERBETE 3
Transcrição fonética			
Indicação da separação das sílabas			
Classe gramatical			
Exemplos de usos			
Outras informações			

Verbete 1

entry /'entrɪ/ *n* entrada *f*; (*on list*) item *m*; (*in dictionary*) verbete *m*. ~ **form** ficha *f* de inscrição, (*P*) boletim *m* de inscrição. **no** ~ entrada proibida

Oxford Paperback Portuguese Dictionary, Oxford: Oxford University Press, 1996. p. 248.

Verbete 2

en.try /entri/ *s* (*pl. entries*) **1** entrada, ingresso **2** porta; portão **3** registro; inscrição • ~ form: ficha de inscrição **4** (*tb. accounting* ~) (*Contab.*) lançamento **5** item de lista **6** [em dicionário] verbete **7** [em diário] anotação ♦ **no** ~: proibida a entrada en.try.phone *s* porteiro eletrônico (GB)

Marques, Amadeu. *Dicionário Inglês-Português/Português-Inglês*, São Paulo: Ática, 2004. p. 189.

Verbete 3

en·try /ˈɛntri/ *n* **1** the act of coming or going into a place: *What was your point of entry into the United States?* **2** [U] the right or opportunity to enter a place or become a member of a group: *the entry of new firms into the market* **3** also **entryway** a door, gate or passage that you go through to go into a place **4** something written or printed in a book, list etc.: *a dictionary entry* **5** [U] the act of recording information on paper or in a computer: *data entry* **6** a person or thing in a competition, race etc.: *the winning entry* **7** the act of entering a competition, race etc.: *Entry is open to anyone over 18.*

Longman Dictionary of American English, Nova York: Addison Wesley Longman, 1997. p. 254.

2 > a. Leia as seguintes citações. Para cada uma delas, selecione **uma** (e apenas uma) palavra que você desconhece mas que considera importante para a compreensão da frase. Justifique suas escolhas.

Dictionaries are like watches; the worst is better than none, and the best cannot be expected to be quite true.

Samuel L. Johnson

Unknown word: _____

Why it is important to understand it: _____

_____

Words – so innocent and powerless as they are, as standing in a dictionary, how potent for good and evil they become in the hands of one who knows how to combine them.

Nathaniel Hawthorne

Unknown word: _____

Why it is important to understand it: _____

_____

The responsibility of a dictionary is to record a language, not set its style.

Phillip B. Gove

Unknown word: _____

Why it is important to understand it: _____

_____

The man who does not read good books has no advantage over the man who can't read them.

Mark Twain

Unknown word: _____

Why it is important to understand it: _____

_____

b. Use um dicionário bilíngue para verificar os significados das palavras selecionadas acima.

c. Reflita: o uso do dicionário contribuiu para o entendimento da ideia da frase?

_____

_____

Sugestões adicionais

- Use um pequeno texto de sua escolha (por exemplo, um dos textos encontrados neste livro) e selecione 5 palavras que você desconhece mas cujo significado considera importante para a compreensão do texto. Procure o significado dessas palavras num dicionário e marque o tempo que levou para a consulta. Depois, releia o texto. Repita os procedimentos com um ou mais textos, procurando diminuir o tempo usado para consulta às palavras desconhecidas.

- Para mais informações sobre como usar um dicionário de forma eficaz, visite o *site* <http://esl.fis.edu/learners/advice/dic.htm>; para informações sobre qual dicionário usar ou comprar, visite o *site* <http://www2.warwick.ac.uk/fac/soc/al/learning_english/leap/reading/dictionaries/#guidelines>.

- Compare dois ou mais dicionários bilíngues, observando o tipo de informações dadas sobre o mesmo verbete nos diferentes dicionários. Reflita: qual dicionário atende melhor os objetivos de sua busca?

- Se você dá aulas de inglês, pode organizar jogos em que os alunos, em grupos, têm de achar certas informações em dicionários bilíngues: por exemplo, o significado de uma palavra, a separação das sílabas de uma palavra, as classes gramaticais que uma determinada palavra pode representar, os diferentes significados de uma palavra etc. O grupo que primeiro encontrar cada informação ganha um ponto.

- Se você ensina inglês para jovens e/ou adultos iniciantes, o *site* <http://www.scribd.com/doc/3135197/Telecurso-2000-Ensino-Fund-Ingles-Vol-01-Aula-09> pode ser útil: ele oferece instruções básicas sobre o uso de um dicionário bilíngue.

7» IDENTIFICANDO O SIGNIFICADO QUE PROCURAMOS NUM DICIONÁRIO

A situação

Ao ler um folheto sobre alergia alimentar, você se depara com a palavra *matters* no título de uma parte do folheto em que se lê *Why food allergy matters*. Esse emprego da palavra *matter* causa-lhe dificuldade porque ele não se encaixa com o que sabe sobre ela. Você aprendeu que *matter* significa "assunto", e esse significado não faz sentido no contexto do título; afinal, *Why food allergy matters* não pode ser traduzido por algo como "Por que alergia alimentar assuntos". Se o título fosse *Food allergy matters* não haveria problema para aplicar seu conhecimento prévio porque a leitura faria sentido como "Assuntos relativos a alergia alimentar". Diante do impasse, você resolve recorrer ao dicionário, mas hesita: "Será que o dicionário pode mesmo me ajudar no entendimento desse título?", você se pergunta.

O texto

Why food allergy matters

1 When someone has a food allergy, eating even a small bit of food can make them very
2 ill. Sometimes they could even die. So, when you are at work, it's very important for you to
3 take food allergy seriously.

Folheto *Food allergy: What you need to know*, Food Standards Agency, Reino Unido, 2007.

A estratégia

Um bom dicionário apresenta os vários significados que uma palavra pode ter, e pode assim auxiliar o leitor a desfazer a dúvida sobre o sentido dessa palavra no texto lido. No caso de *matter*, vejamos o seguinte verbete encontrado num dicionário bilíngue:

> **matter** /'mættər/ *s* **1** (*fís.*) matéria **2** substância **3** assunto; questão; caso **4** problema **5** (*med.*) pus || *vi* importar, ter importância • *It doesn't ~*: Não importa. ▪ **as a ~ of fact: 1** aliás **2** na verdade ▪ **for that ~**: para dizer a verdade ▪ **no ~how/who/etc.**: não importa como/quem/etc. ▪ **no ~ what (happens)**: aconteça o que acontecer
>
> Marques, Amadeu. *Brazilian Portuguese-English/English-Brazilian Portuguese Concise Dictionary*. Nova York: Hippocrene, 2010. p. 402.

O verbete apresenta 5 significados para *matter* como substantivo (veja *s* após a transcrição fonética) além de um significado para a mesma palavra como verbo intransitivo (veja *vi* após o símbolo ‖, que separa as diferentes classes gramaticais de uma palavra). No caso do título em questão, *matters* representa um verbo, e não um substantivo, portanto o dicionário resolve a dúvida facilmente já que há apenas um significado apresentado para *matter* como verbo: importar, ter importância. De fato, "Por que alergia alimentar tem importância" faz sentido!

Mas você pode se perguntar nesse momento: "É mesmo imprescindível saber a classe gramatical da palavra que eu procuro? E se eu não sei identificar tal classe gramatical?" Se você tem conhecimento sobre as diferentes classes gramaticais, e sabe o que é um verbo, um substantivo, um adjetivo etc., saberá identificar o sentido que procura mais facilmente – basta procurar pela abreviação da classe gramatical desejada e *scan* os significados que correspondem a tal classe, procurando um que faça sentido no contexto da frase. Se você não sabe categorizar a classe gramatical do termo procurado, terá um pouco mais de trabalho, pois terá de usar um processo de eliminação para uma gama maior de significados apresentados, *scanning* todas as classes gramaticais, mas tal processo não é impossível.

É importante ressaltar que saber distinguir as classes gramaticais não leva necessariamente a uma informação rápida sobre o sentido de uma palavra. Como no caso de *matter* como substantivo, pode haver mais de um significado possível para uma mesma classe gramatical. Nesses casos o leitor terá de usar um processo de eliminação, verificando o que faz sentido e o que não faz. Suponhamos que você procure o sentido de *matter* nos casos abaixo:

a. No *site* do United States Department of Agriculture, você lê que:

> one of the best ways to improve soil fertility is to add organic matter.
>
> Disponível em: <http://www.nrcs.usda.gov/feature/backyard/orgmtrsl.html>.
> Acesso em: 15 fev. 2011.

b. Ao ler uma piada *on-line*, você lê o seguinte:

> A man walks into a doctor's office. He has a cucumber up his nose, a carrot in his left ear and a banana in his right ear.
> "What's the matter with me?" he asks the doctor.
> The doctor replies, "You're not eating properly."
>
> Disponível em: <http://www.workjoke.com/doctors-jokes.html>. Acesso em: 15 fev. 2011.

Verbo intransitivo é um verbo que não precisa de complementos. Por exemplo, "*relax*" é um verbo intransitivo (*try to relax*), ao contrário de "*have*", que requer complementos (*have a car, have children*).

Verbo é uma palavra que normalmente indica uma ação (*walk, work, run*) mas que também pode indicar um processo verbal (*say, tell, praise, respon*) ou mental (*think, like, feel, hear*).

c. Ao ler a letra de uma música que você aprecia, você se depara com a seguinte estrofe:

> No matter what they tell us
> No matter what they do
> No matter what they teach us
> What we believe is true
>
> *No Matter What*, letra de Jim Steinman, música de Andrew Lloyd Webber. Disponível em: <http://allspirit.co.uk/matter.html>. Acesso em: 15 fev. 2011.

Para identificar qual é o sentido de *matter* em (a), você pode proceder por eliminação e concluir que apenas os significados (1) e (2) fazem sentido na frase. Com base nisso você pode usar seu conhecimento de mundo e concluir que, em assuntos de fertilidade do solo, a noção de "matéria orgânica" faz mais sentido. Para o exemplo (b), um processo semelhante pode levá-lo a concluir que "problema" é o sentido procurado. No caso de (c), você achará mais rapidamente o sentido de *matter* ao *scan* o verbete para verificar se há uma expressão com *no matter what*. Esse processo vai levá-lo ao final do verbete, em que você encontrará a tradução "aconteça o que acontecer". Mesmo que você não suspeite, a princípio, que se trata de uma expressão, um processo de eliminação de todas as opções possíveis poderá levá-lo ao sentido procurado – mas obviamente você levará mais tempo dessa forma. A repetição de um grupo de palavras (no caso, *no matter what*) é um indício de que você pode estar lidando com uma expressão da língua. Quanto mais frequentemente utilizar um dicionário, mais ágil e eficiente será a sua busca!

Aplique a estratégia

1 > Observe o verbete a seguir e responda, de acordo com as informações encontradas:

> **even** *adv* **1** mesmo, até mesmo. **2** nem mesmo **3** [em comparativos] ainda ||*adj* **1** nivelado, plano **2** regular, constante **3** [em jogos] empatado **4** [sobre números] par

a. Quantos significados a palavra *even* pode ter?

___

b. A frase *Two is an even number* ilustra que sentido de *even*?

___

c. A frase *Coffee is good, but tea is even better* ilustra que sentido de *even*?

___

2 > Ainda com relação ao texto introdutório desta seção (*Why food allergy matters*), identifique o significado das seguintes palavras. Para referência, use o verbete acima ("even") e os demais abaixo.

- **a.** even (linhas 1 e 2) _____
- **b.** bit (linha 1) _____
- **c.** can (linha 1) _____
- **d.** work (linha 2) _____

> **bit** *s* **1** pedaço **2** bocado **3** pouco • *a* um pouco

> **can** *v* **1** poder **2** saber **3** enlatar ‖*s* lata

> **work** *s* **1** trabalho **2** obra **3** emprego ‖ *v* **1** trabalhar **2** funcionar

3 > Consulte um dicionário bilíngue e nele identifique os significados das palavras sublinhadas no texto abaixo. Na ausência de um dicionário bilíngue impresso, consulte um *on-line* em <http://dictionary.reverso.net/english-portuguese/>.

Yeti

<u>High</u> in the icy Tibetan mountains of the Himalayas, there are stories of a <u>terrifying</u> creature that <u>looks like</u> a <u>cross</u> between a man and a shaggy-haired ape. It was <u>named</u> the Abominable Snowman in the 1920s when the British explorer Charles Howard Bury <u>noticed</u> <u>giant</u> footprints in the snow.

The Times, Times2, Londres, 28 ago. 2009, p. 19.

High _____	Named _____
Terrifying _____	Noticed _____
Looks like _____	Giant _____
Cross _____	

Sugestões adicionais

- Como vimos, saber categorizar a classe gramatical de uma palavra pode facilitar sua busca no dicionário. Se você quiser saber mais sobre as classes gramaticais e aprender sobre suas diferenças, visite o *site* <http://web2.uvcs.uvic.ca/elc/studyzone/330/grammar/parts.htm>.
- Procure na Internet exemplos de usos de palavras que têm mais de um significado em inglês (por exemplo, *plant, rock, chair, mouth, bank, book*) e procure num dicionário os significados das palavras nos exemplos selecionados.

8›› IDENTIFICANDO "FALSOS AMIGOS"

A situação

Você tem um conhecimento básico de inglês, e está lendo uma carta de boas-vindas num hotel em que acabou de se hospedar. Para ler a carta, você se apoia nas palavras transparentes e tal estratégia realmente auxilia a leitura, mas nem sempre ela parece ser eficaz. Você está particularmente intrigado com o sentido de *comprehensive* no trecho *comprehensive conferencing and banqueting solutions*. O texto parece mesmo estar tratando de "soluções para conferências e banquetes", mas não faz sentido descrever essas soluções como "compreensivas". Você se pergunta, então, se o apoio em palavras transparentes nem sempre funciona, e se há alguma outra estratégia de leitura que pode ser usada em situações como esta.

O texto

Welcome to Taj Lands End, Mumbai

1 […] With some of the city's finest accommodation, eclectic dining experiences
2 and comprehensive conferencing and banqueting solutions, we provide the best of
3 both worlds, business as well as leisure. An integral part of the Taj Luxury Hotels
4 and a member of the Leading Hotels of the World, we take pride in delivering highly
5 personalized services.
6 [….]

Directory of Services, hotel Taj Lands End, Mumbai, jan. 2011.

A estratégia

A percepção de que *comprehensive* deve ser um "falso amigo", isto é, uma palavra que se parece com outra em português mas que não significa o que parece, pode estimular a sua curiosidade e levá-lo a checar o significado da palavra num dicionário bilíngue. Tal busca lhe dá a informação de que *comprehensive* significa "abrangente, amplo".

Há palavras em inglês que se parecem com palavras em português mas cujos sentidos são diferentes nas duas línguas. Algumas dessas palavras são frequentes em língua inglesa, e você deve conhecê-las. Alguns exemplos são *large* (que parece "largo/a" mas significa "grande"), *support* (que parece "suportar" mas significa "apoiar") ou *educated* (que parece "educado/a" mas significa "culto/a").

No texto acima, uma procura por palavras transparentes e posterior verificação de sentidos em português e inglês pode levá-lo à conclusão de que *luxury* é também um falso amigo. Afinal, seria improvável termos um hotel fazendo autopromoção por ser um "hotel de luxúria"! De fato, *luxury* significa "luxo" (e "luxúria", em inglês, é *lust*).

Neste ponto você pode estar se perguntando, preocupado: como saber distinguir um falso amigo de uma palavra transparente? Bem, às vezes é possível fazer essa distinção apoiando-se no contexto, como no caso de *luxury* e *comprehensive* no texto acima. Outras vezes, porém, não é possível chegar a tal conclusão apenas pelo contexto. Se você recebe um bilhete de um colega em que está escrito *I'm having lunch with my parents* e se não sabe que *lunch* e *parents* são falsos amigos ("almoço" e "pais", respectivamente), você pode achar que seu colega vai fazer um lanche com seus parentes já que essa interpretação faria sentido no contexto da frase.

Para ser um leitor eficiente, a sua meta é aprender o maior número de falsos amigos possível. A lista de falsos amigos em inglês é relativamente longa (para referência, veja, por exemplo, <http://www.scribd.com/doc/5543219/False-Friends-English-and-Portuguese>), mas não desanime. Procure ir aprendendo essas palavras aos poucos, conforme elas forem aparecendo nos textos que você lê. Sempre desconfie de que uma palavra pode ser um falso amigo se ela parece ter significado que não faz sentido no contexto do texto. Por exemplo, imagine uma situação em que você está passando por uma loja de cosméticos e vê um anúncio com imagens de um rímel e de cílios bem encurvados, em que tal produto parece ter sido usado.

Ao ler o texto que acompanha as imagens, você certamente vai desconfiar de que *exquisite* é um falso amigo. Seria muito improvável que um anúncio de um produto o apresentasse como "esquisito"! A palavra *mascara* também pode lhe causar desconfiança se você desconhece o uso recente em português da palavra "máscara" no contexto de cosméticos. Sua desconfiança e leitura crítica acertariam nas duas vezes: *exquisite* significa "requintado" e *mascara*, "rímel".

Concluindo: para aplicar a estratégia de identificação de falsos amigos numa leitura, apoie-se em alguns procedimentos. Primeiramente, questione a "transparência" de palavras que se parecem com outras em português mas cuja interpretação não faz sentido no contexto da leitura. Em segundo lugar, vá aprendendo gradualmente a lista de falsos amigos a fim de que você possa identificá-los mais rapidamente quando se deparar com eles numa leitura.

Aplique a estratégia

1 > a. Faça uma rápida leitura do texto identificando as palavras que parecem ser transparentes e prevendo suas traduções. Complete as duas primeiras colunas da tabela.

The Exquisite Corpse Adventure at The Library of Congress

(From Karen Hart, former About.com Guide)

Even if you can't make it to The Library of Congress, the LOC has some wonderful online programs that you and your children can enjoy. One such program is The Exquisite Corpse Adventure. An Exquisite Corpse Adventure may sound menacing, but it is an old game that will delight both young and old. The game works like this: one person writes a phrase on a sheet of paper, folds it over to conceal part of it and passes it on to the next player to do the same. The game ends when someone finishes the story, which is then read aloud.

Disponível em: <http://godc.about.com/od/visitingdcwithkids/qt/exquisitecorpseadventure_RO.htm>.
Acesso em: 21 dez. 2010.

PALAVRA TRANSPARENTE?	POSSÍVEL SIGNIFICADO?	FAZ SENTIDO NO TEXTO? SIM OU NÃO

b. Leia o texto novamente e ao mesmo tempo vá completando a terceira coluna, marcando se as previsões baseadas na transparência das palavras fazem sentido no texto.

c. Verifique num dicionário o significado das palavras cujas previsões não fazem sentido.

2 > Para cada um dos grupos de placas a seguir, identifique a placa que contém um *false friend*.

a.

I. ( )

II. ( )

III. ( )

b.

I. ( )

II. ( )

III. ( )

Sugestões adicionais

- Crie sua própria lista de falsos amigos e vá adicionando novas palavras conforme forem aparecendo em suas leituras. Quanto mais você usar essas palavras (lendo, escrevendo, ouvindo, falando), mais automático vai ficar o seu reconhecimento, ao se deparar com elas, de que não são transparentes e, sim, falsos amigos.
- Faça buscas na Internet por palavras (ou grupo de palavras) que são falsos amigos. Por exemplo, procure por *compromise* numa ferramenta de busca (como Google ou Yahoo) e leia alguns textos em que essa palavra aparece. Você pode tornar essa atividade mais interessante se buscar por mais de uma palavra ao mesmo tempo. Por exemplo, faça uma busca digitando "*actually*" "*costume*" (as duas palavras ao mesmo tempo) e leia pequenos textos que contêm falsos amigos.

9» USANDO PARTES DE UMA PALAVRA PARA COMPREENDER SEU SIGNIFICADO

A situação

Você está lendo um pequeno texto sobre memória, e duas palavras atraem sua atenção: *tiredness* (linha 3) e *forgetfulness* (linha 4). Elas lhe parecem grandes demais, beirando o incompreensível. Você conhece as palavras *tired* (cansado) e *forget* (esquecer), e as que chamam sua atenção são semelhantes a essas que você já conhece. Você se pergunta se isso pode auxiliar no entendimento das novas palavras e, de modo indireto, no entendimento do texto.

O texto

Should I worry?

1 It happens to everyone from time to time. You can't quite put a name to someone's face.
2 You forget where you've put your keys. You can't remember where you parked the car. Often
3 such lapses are because of tiredness, stress or simply having too much to do.
4 But if your forgetfulness – or that of someone you know – is getting worse or is beginning
5 to interfere with everyday life, it can sometimes be the beginning of a specific medical problem
6 such as dementia. Nowadays there is support, advice and a range of materials available for people
7 with dementia and their families. There are also treatments which can temporarily alleviate some
8 symptoms, so don't ignore it – share your worries and seek expert advice.

Folheto *Worried about your memory?*, Alzheimer's Society, Reino Unido.

A estratégia

Raiz é a parte básica de uma palavra, que carrega seu sentido principal, por exemplo, "act" em *interacted*.

Ao tentar entender o significado de *tiredness*, você ativa seu conhecimento prévio sobre o sentido de *tired*, mas tal processo não é suficiente: afinal, a noção "cansado/a" não faz sentido na frase. Para entender o que *tiredness* significa, você precisa saber que *–ness* é um sufixo que se junta a algumas palavras para formar um substantivo.

O próximo passo na aplicação desta estratégia seria concluir que o substantivo que corresponde ao adjetivo "cansado/a" é "cansaço" e essa conclusão leva o leitor a construir um sentido para o texto: os lapsos de memória descritos no primeiro parágrafo são normalmente devidos a cansaço, estresse ou simplesmente o fato de se ter muita coisa para fazer.

O entendimento de *forgetfulness* pode seguir um raciocínio semelhante. Você "quebra" a palavra em pedaços: primeiro, a raiz da palavra (*forget*); em seguida, os sufixos –*ful* (sufixo formador de adjetivos) e –*ness* (sufixo formador de substantivos). Você então junta os pedaços novamente e estabelece o sentido da palavra: esquecer ⟶ esquecido ⟶ esquecimento.

Esse processo pode parecer complicado, mas não é uma novidade para você. Você já faz isso automaticamente na sua leitura em português. Sua capacidade de quebrar uma palavra em pedaços, pensar nos significados dos vários pedaços, e depois recompor a palavra integralmente para lhe dar sentido faz com que você compreenda palavras com poucos pedaços (como "constitucional", relativo à constituição) ou vários pedaços (como "inconstitucional", "inconstitucionalmente", "inconstitucionalíssimo" ou mesmo "inconstitucionalissimamente").

Nesse ponto, a aplicação da estratégia pode lhe estar parecendo mais simples, mas você pode estar se perguntando: "Para poder aplicar a estratégia com sucesso eu preciso saber o significado de <u>todos</u> os pedaços que se juntam a palavras em inglês?" Novamente, seu conhecimento sobre a língua portuguesa pode auxiliá-lo na aplicação da estratégia: os prefixos e sufixos usados em inglês, assim como em português, vêm do grego e do latim, então há muitas semelhanças nesses "pedaços de palavras". Veja:

Palavra em inglês	Palavra desmembrada	Comentários sobre os prefixos e/ou sufixos que formam a palavra	Exemplos em português
immature	*im-mature*	*im* = (negativa), sem	**im**aturo, **in**fiel, **i**limitado
supermarket	*super-market*	*super* = mais que, além que	**super**mercado, **super**-herói, **super**ávit
nutritious	*nutrit-ious*	*ious* = caracterizado por	delici**oso**, maravilh**oso**, fabul**oso**
reality	*real-ity*	*ity* = qualidade de	real**idade**, veloci**dade**, util**idade**

Repare que, além das semelhanças entre prefixos e sufixos usados no inglês e no português (que, como vimos acima, facilita o entendimento do leitor brasileiro), muitas vezes pode haver semelhanças na raiz da palavra. Nos exemplos acima, *mature*, *market*, *nutrit* e *real* são transparentes, o que facilita mais ainda o entendimento dos "pedaços" das palavras.

Há casos de formação de palavras em inglês que são potencialmente facilitadores para o leitor brasileiro e, curiosamente, potencialmente dificultadores da leitura para aqueles que têm o inglês como primeira língua. As palavras *vivid* e *predict* são bons exemplos. Em

Radical é a parte fixa da estrutura de uma palavra à qual se agregam elementos de derivação e de flexão.

Afixos são "pedaços de palavras" que podem ser adicionados no início ou no final de palavras para se formarem novas palavras. Sufixos são afixos adicionados no final de uma palavra; prefixos, no começo. Assim, em *unnecessarily*, o prefixo *un-* e o sufixo *–ly* são afixos que mudam o sentido de *necessary*.

vivid (e *vivacious*, e *vivacity*), a raiz *viv-* tem origem no latim (*vivere* = viver), mas o verbo "viver" em inglês (*live*) tem origem germânica. Essa discrepância pode causar dificuldade a um falante nativo de inglês que se depare com palavras que usem o radical latino *viv-*. O mesmo aconteceria com palavras que usam o radical *dic-* (do latim *dicere* = dizer). Como em inglês "dizer" é *say*, o leitor que não associa *dic-* à ideia de "dizer" pode ter mais dificuldade em compreender palavras como *predict* ou *dictate*.

Nesse ponto, você pode estar convencido de que a compreensão de partes de uma palavra pode ajudá-lo a compreender mais palavras em inglês. No entanto, uma pergunta pode lhe estar incomodando: "Até que ponto a atenção a partes de uma palavra de fato ajuda na leitura em geral?" A resposta a essa pergunta é simples: a escolha de certos prefixos ou sufixos é essencial para a definição do sentido de um texto, e um leitor competente saberá focalizar sua atenção nessas partes com segurança e agilidade. Imagine a seguinte situação: você está decidindo onde comer e lê alguns comentários *on-line* sobre restaurantes que lhe interessam. Como normalmente acontece quando buscamos informações na Internet, há muitos comentários e sua leitura tem de ser rápida. Você lê a seguinte frase sobre um restaurante: *Waitresses are impolite and careless of guest's feeling*. As palavras-chaves do texto são *impolite* e *careless*, já que elas expressam com maior intensidade a percepção negativa do leitor sobre o restaurante. Ambas contêm afixos que denotam essa noção negativa (*im-* e *-less*). Um leitor atento a esses afixos saberá entender o comentário com uma agilidade maior do que um leitor que não considere esses elementos.

Aplique a estratégia

1 > a. Leia o texto abaixo procurando pelas palavras listadas na primeira coluna da tabela. Em seguida, complete a tabela.

Terrible Hairy Fly found

It may look like a furry spider – but this rare insect is none other than the Terrible Hairy Fly. It is only the third of the 1cm beasties to be found – and researchers believe the flightless species never moved from one bat-filled cave in Kenya's Uzaki hills, east of Nairobi. 'We now have fresh specimens for molecular analysis to see where the Terrible Hairy Fly fits into the evolutionary process,' said Dr Robert Copeland of the International Centre of Insect Physiology and Ecology.

Metro, Londres, 9 dez. 2010. p. 33.

PORTUGUÊS	INGLÊS	PARTES DA PALAVRA EM INGLÊS
cabeludo	hairy	hair+y
peludo		
pesquisador		
evolucionário		
relativo a moléculas		
internacional		
que não voa		

b. Leia o texto novamente, focalizando sua atenção nas palavras acima, e tentando compreendê-las a partir do entendimento de suas partes.

2 > a. "Quebre" as palavras sublinhadas a seguir e tente prever seus significados.

Changing Language

The English language is vast, <u>flexible</u>, <u>fascinating</u>, <u>frustrating</u>, <u>challenging</u>, <u>inspiring</u> and <u>endlessly</u> <u>changing</u>. To take it for granted is to miss much of its <u>richness</u> and <u>complexity</u>. This website explores the way that the language has developed over hundreds of years.

Disponível em: <http://www.bl.uk/learning/langlit/changlang/language.html>. Acesso em: 12 dez. 2010.

Flexible _____

Fascinating _____

Frustating _____

Challeging _____

Inspiring _____

Endlessly _____

Changing _____

Richness _____

Complexity _____

b. Leia o texto e verifique suas previsões.

Sugestões adicionais

- Durante uma semana, leia a notícia principal de um jornal *on-line* de sua escolha, anotando as palavras que começam com alguns prefixos frequentes em inglês (por exemplo: *in-, un-, pre-, inter-*). Anote também as palavras que terminam com sufixos frequentes (por exemplo: *-al, -ment, -ous, -ful*). Nas suas anotações escreva as traduções dos termos listados e observe se os prefixos e sufixos que essas palavras usam em português tendem a ser os mesmos.

- Como referência para a prática dessa estratégia, consulte um dicionário impresso ou *on-line* (por exemplo, <http://dictionary.reference.com/>). Para definições e exemplos de sufixos, veja <http://grammar.about.com/od/words/a/comsuffixes.htm>; para prefixos, veja <http://grammar.about.com/od/words/a/comprefix07.htm>. Para uma listagem de prefixos e sufixos frequentes em inglês, veja <http://www2.scholastic.com/content/collateral_resources/pdf/r/reading_bestpractices_vocabulary_prefixes_suffixes.pdf>.

10 » PREVENDO O ASSUNTO DE UM TEXTO

A situação

Você está navegando na Internet, procurando informações sobre filmes a fim de escolher um para alugar. Num *site* que contém resenhas de filmes, sua atenção recai sobre um filme cujo título é *Son of Babylon*. Você se lembra do que sabe sobre a Babilônia: seus Jardins Suspensos, uma das sete maravilhas do mundo antigo; o Código de Hamurabi e seu "olho por olho, dente por dente". Essas associações levam você a prever que o texto trata de um filme histórico, passado em tempos antigos. Você clica para saber mais detalhes e se surpreende quando vê o subtítulo da resenha: *A young boy's life in post-Saddam Iraq*. Tal subtítulo vem acompanhado de uma foto de um jovem iraquiano nos tempos atuais, a quem uma mulher mais velha cochicha algo no ouvido. Abaixo da foto, há um texto mais longo com a resenha do filme. Você fica surpreso porque sua previsão estava totalmente errada, e pergunta-se se há algo que possa fazer para melhorar suas previsões no futuro.

O texto

Son Of Babylon

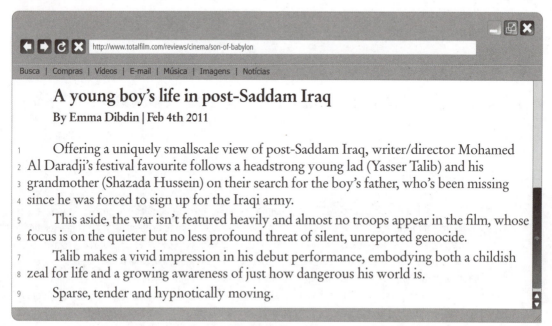

http://www.totalfilm.com/reviews/cinema/son-of-babylon

Busca | Compras | Vídeos | E-mail | Música | Imagens | Notícias

A young boy's life in post-Saddam Iraq
By Emma Dibdin | Feb 4th 2011

1 Offering a uniquely smallscale view of post-Saddam Iraq, writer/director Mohamed
2 Al Daradji's festival favourite follows a headstrong young lad (Yasser Talib) and his
3 grandmother (Shazada Hussein) on their search for the boy's father, who's been missing
4 since he was forced to sign up for the Iraqi army.
5 This aside, the war isn't featured heavily and almost no troops appear in the film, whose
6 focus is on the quieter but no less profound threat of silent, unreported genocide.
7 Talib makes a vivid impression in his debut performance, embodying both a childish
8 zeal for life and a growing awareness of just how dangerous his world is.
9 Sparse, tender and hypnotically moving.

Disponível em: <http://www.totalfilm.com/reviews/cinema/son-of-babylon>. Acesso em: 8 fev. 2011.

A estratégia

Well done! Na situação acima você usou uma estratégia importante: fez previsões sobre o texto que ia ler. Previsões são importantes porque é através delas que o leitor estabelece uma conexão com o texto a ser lido, e essa conexão ajudará o leitor a construir sentidos para o que lê. No entanto, sua preocupação final, a respeito de "melhorar suas previsões", é equivocada. Em outras palavras, sob o ponto de vista da aplicação dessa estratégia de leitura, não existe algo como "boa" ou "má" previsão. Quando fazemos previsões sobre um texto, não é importante acertar ou errar: são as previsões em si que importam, pois são elas que nos ajudam a "conectar" com o texto, funcionando mais ou menos como um "pensamento sobre a leitura antes da leitura". De certa forma, tal procedimento faz você se relacionar com o texto antes mesmo de começar a lê-lo.

No caso acima, esse "relacionamento com o texto" fez você ativar seu conhecimento prévio sobre a Babilônia para fazer previsões e antecipar o conteúdo do texto. Em outras palavras, você usou o que sabia sobre a Babilônia para estabelecer uma conexão com o que iria ler no texto e iniciou sua leitura antecipando informações que acreditava encontrar no texto. Ao fazer isso, você estabeleceu uma postura diante do texto que lhe deu objetivos concretos para sua leitura: confirmar (ou não) suas previsões; refinar (ou não) tais previsões. Independentemente de acertar ou errar tais previsões, sua conexão com o texto fez você estabelecer um diálogo com ele. As previsões impedem que o texto seja maior que você, "transmitindo" informações que você vai absorver passivamente; ao prever o assunto do texto, você está se posicionando ativamente na leitura e tornando-se agente da leitura que está por iniciar.

Para praticar a estratégia, é interessante parar para pensar por que você faz certas previsões ao ler. E tentar identificar se suas previsões são pautadas em conhecimento prévio e/ou em elementos do texto. Por exemplo, no texto acima, ao ler o subtítulo do texto (*A young boy's life in post-Saddam Iraq*), você pode ter feito novas previsões sobre o assunto do texto baseadas no seu conhecimento prévio sobre o Iraque liderado por Saddam Hussein. Essas previsões, por sua vez, estariam provavelmente associadas a suas ideias de como seria a vida de um *young boy* em tal contexto histórico. Geralmente, nossas previsões apoiam-se em combinações similares, envolvendo nosso conhecimento prévio e informações dadas no texto.

Vale lembrar que o uso de previsões, assim como outras estratégias de leitura, pode ser mais eficaz se associado ao uso de outras estratégias: para prever o assunto de um texto você pode, por exemplo, apoiar-se em palavras transparentes (nos títulos, subtítulos e no corpo do texto) e nas imagens que acompanham o texto lido.

Note também que, na leitura do texto acima (assim como em outras leituras), é possível prever não apenas o assunto do texto, mas também seu conteúdo específico (palavras, expressões, estruturas gramaticais). Vamos tratar de outros tipos de previsão em outras seções deste livro.

Um último ponto que não pode ser esquecido: a realização de previsões deve ocorrer durante todo o processo de leitura, começando antes da leitura propriamente dita, continuando durante o tempo em que você lê e permanecendo após a leitura num processo contínuo de verificação e recriação de previsões. É esse processo que ajuda o leitor a organizar o pensamento durante a leitura e incorporar e compreender novas informações.

Aplique a estratégia

1 > a. Leia o texto abaixo parando em cada ponto onde se lê <u>STOP HERE FOR PREDICTION</u>. Nesse momento, registre suas previsões em seu bloco de notas.

> **'70% women can't afford sanitary napkins'** <u>STOP HERE FOR PREDICTION 1</u>
> Female Hygine in Dismal State: Survey <u>STOP HERE FOR PREDICTION 2</u>
>
> New Delhi: <u>STOP HERE FOR PREDICTION 3</u> Only 12% of India's 355 million menstruating women <u>STOP HERE FOR PREDICTION 4</u> use sanitary napkins (SNs). <u>STOP HERE FOR PREDICTION 5</u> Over 88% of women resort to shocking alternatives <u>STOP HERE FOR PREDICTION 6</u> like unsanitized cloth, ashes and husk sand. <u>STOP HERE FOR PREDICTION 7</u> Incidents of the reproductive tract infection (RTI) <u>STOP HERE FOR PREDICTION 8</u> is 70% more common among these women. [...]
>
> *The Times of India*, Jaipur, 24 jan. 2011. p. 7.

b. Verifique suas previsões: elas foram confirmadas ou não? Justifique suas respostas com elementos do texto.

2 > a. Leia o texto a seguir, parando ao final de seu título, subtítulo, e também ao final de cada frase para prever "o que vem depois". Registre suas previsões na tabela, bem como sua justificativa: suas previsões baseiam-se em seu conhecimento prévio (CP), no texto (T) ou nos dois (CP/T)?

Teens prefer reading news online to Twitter

While most teenagers reject Twitter and blogging, 62% of them like to read their news online, US research reveals.

Will the next generation read news reports? It looks like it. Some 62% of US internet users aged 12 to 17 are going online for news and political information or find out about current events, said a study conducted by the Pew Research Center published yesterday. During special events such as general elections news consumption rose to 77%.

Disponível em: <http://www.guardian.co.uk/media/pda/2010/feb/04/pew-research-teenagers-online-behaviour>. Acesso em: 21 dez. 2010.

	PREVISÕES/JUSTIFICATIVAS	CP? T? CP/T?
Título		
Subtítulo		
Frase 1		
Frase 2		
Frase 3		
Frase 4		
Frase 5		

Sugestões adicionais

- Pratique a estratégia com textos da Internet cujo conteúdo seja apresentado "gradualmente" através de títulos, subtítulos, imagens e texto principal. Leia gradualmente, fazendo previsões e verificando-as continuamente. Artigos de jornal são adequados para essa prática; resenhas de filmes também. Na seção *Fontes de referência* (p. 203) você encontra sugestões de *sites* para tal prática.

- Se você ensina inglês, modele com seus alunos um *thinking aloud* sobre o processo de fazer, rever e avaliar previsões. Leia um pequeno texto oralmente e vá, ao mesmo tempo, fazendo e verificando previsões em voz alta, como se estivesse lendo e pensando.

- Ao ler um texto mais longo, por exemplo, um reader, ou mesmo um romance, vá registrando suas previsões colando notinhas (usando *post-its*, por exemplo) no livro enquanto lê. De vez em quando retorne a previsões anteriores e verifique se elas foram confirmadas ou não. Use elementos do texto para confirmar ou não suas previsões.

Reader (ou *graded reader*) é um livro de leitura escrito especialmente para aprendizes de inglês, e usa, portanto, vocabulário e estruturas ajustadas ao nível desses aprendizes.

11» PREVENDO O CONTEÚDO DE UM TEXTO

A situação

Ao ler o jornal, o título de uma reportagem chama sua atenção: *Sunny personality or a little blue? Depends on your season of birth*. Você prevê, com certa segurança, a partir da leitura da pergunta e da resposta apresentadas no título, que o artigo trata de traços de personalidade em função da estação do ano em que se nasce. Mas será isso mesmo? Como você já sabe, precisa continuar lendo para verificar sua previsão. E você se faz uma nova pergunta: além de prever o assunto do texto, há outros tipos de previsão que você poderia fazer nesse momento para engajar-se com a leitura de forma mais intensa?

O texto

Sunny personality or a little blue? Depends on your season of birth

Babies born in the summer really have sunnier personalities than those born in winter, according to a study.

Researchers believe that the time of the year in which you are born permanently sets your biological clock and this in turn affects how you view the world.

Those born in summer have a naturally long body clock and tend to be active for long periods of the day, even when the sun has gone down.

Those born in winter are active for a shorter time each day, even in summer light, and tend to slow down before dusk.

Moods are similarly affected, with those born in summer having a "sunnier" view of the world, while those born in winter are more negative.

The findings, published in the journal *Nature Neuroscience*, were conducted on mice but the research team, led by Prof Douglas McMahon, at Vanderbilt University in Nashvillle, Tennessee, said it was likely to mirror the development of other mammals, including humans.

The Daily Telegraph, 6 dez. 2010. p. 14.

A estratégia

Você está no caminho certo. É útil fazer previsões sobre o assunto que vai ler, e mais: você pode prever aspectos mais específicos sobre o **conteúdo** do texto a ser lido, num processo de pensamento mais ou menos assim: "Hmm... Este texto vai desenvolver um raciocínio com base em estudos sobre o assunto feitos numa universidade, vai mencionar onde o estudo foi feito (e, hmm, talvez vá mencionar também o nome de um dos cientistas que liderou o estudo), vai dizer onde o estudo foi publicado, vai dar exemplos que comprovam os resultados do estudo, vai dar outros exemplos que vão contra os resultados descritos". Como você sabe, nem todas as suas previsões irão se confirmar durante a leitura, e tal fato não lhe impõe um problema, contanto que você vá verificando e refazendo continuamente as suas previsões enquanto lê.

Mas você se pergunta: "Há casos em que a aplicação dessa estratégia é mais potencialmente útil do que em outros?" Em princípio, o uso de previsões é válido em qualquer leitura, mas é possível que um leitor faça previsões mais automaticamente quando o texto atrai esse leitor mais intensamente ao ponto de ele/a ficar interessado em detalhes mais específicos. Em casos de textos que não geram tanto interesse, o uso de previsões pode ser menos automático mas pode ser estimulado como um "exercício de leitura", levando ao uso da estratégia de forma mais controlada.

O uso de previsões pode também estar associado ao vocabulário a ser encontrado no texto. Por exemplo, no texto acima, você poderia prever o uso de *winter/summer/spring/autumn/fall* ou de adjetivos que expressam tipos de personalidade, tais como *extroverted/introverted/talkative/active/quiet*. A previsão de vocabulário é eficaz do ponto de vista da aprendizagem ou revisão de uso de vocabulário em inglês.

Não se esqueça: não é possível, nem mesmo recomendável, prever todo o conteúdo ou todo o vocabulário de um texto antes de sua leitura. Tais previsões podem (e devem!) ser feitas gradualmente, ao longo da leitura, e devem combinar-se com outras estratégias, tais como apoio em palavras transparentes e imagens, identificação de falsos amigos, uso de partes das palavras para seu entendimento, entre outras. O uso sistemático de previsões torna a leitura ágil e faz o leitor ficar "ligado" no texto, como se estivesse conversando com ele o tempo todo.

Aplique a estratégia

1 > a. Leia o título do artigo abaixo e preveja 6 palavras que devem aparecer no subtítulo e nas três frases que compõem o texto.

_____
_____
_____
_____
_____
_____

http://news.uk.msn.com/photos/special-photo-galleries/photos.aspx?cp-documentid=156039252

Busca | Compras | Vídeos | E-mail | Música | Imagens | Notícias

NASA TELESCOPE SPOTS NEW PLANETS

Nasa has announced the discovery of a strange new solar system with six planets orbiting around a sun-like star.

The discovery is mystifying astronomers and illustrates just how much variety is possible in the universe.

Five of the planets were found to be in a closer orbit to their star than any planet in Earth's solar system.

The team at Nasa and a range of universities has named the system Kepler-11, after the orbiting Kepler space telescope that spotted it.

Disponível em: <http://news.uk.msn.com/photos/special-photo-galleries/photos.aspx?cp-documentid=156039252>.
Acesso em: 7 fev. 2011.

b. Leia o restante do texto e verifique suas previsões.
c. Reflita: a previsão do vocabulário do texto facilitou a leitura do texto? Facilitou a identificação de vocabulário já conhecido? Facilitou a aprendizagem de novo vocabulário?

_____
_____
_____

2 > a. O parágrafo a seguir contém informações sobre os primeiros 18 anos da vida da atriz Julia Roberts. Antes de ler, liste 8 informações que você acha que o texto deve conter (por exemplo, data e local de nascimento). Depois leia o texto e numere as partes em que as suas previsões aparecem, com os números das suas previsões.

1. _____
2. _____
3. _____
4. _____
5. _____
6. _____
7. _____
8. _____

Actress, producer. Born on October 28, 1967, in Smyrna, Georgia. The youngest of three children, she grew up surrounded by creative individuals. Her parents were both actors who ran a workshop for aspiring writers and performers until their divorce in 1971. Initially Roberts wanted to become a veterinarian, but she abandoned this dream when she realized that she had "an inability to deal with science on a brainiac kind of level." After graduating high school in 1985, Roberts moved to New York City to live with her sister Lisa. Both Lisa and brother Eric were pursuing careers as actors.

Disponível em: <http://www.biography.com/articles/Roberts-Julia-9460157>. Acesso em: 8 fev. 2011.

b. Após a leitura, sem voltar ao texto, pense: De que informações contidas no texto você se lembra? As informações associadas às suas previsões foram lembradas mais facilmente?

_____
_____

Sugestões adicionais

- Visite uma página na Internet de sua escolha e, antes de ler o texto, liste o vocabulário que você acha que vai encontrar (em inglês ou em português). Enquanto lê, vá ticando as palavras encontradas.
- Visite o *site* <http://www.bbc.co.uk/news/> e selecione um artigo do seu interesse. Antes de ler o texto, faça uma lista de palavras que você espera encontrar no texto. Faça uma leitura rápida do texto, procurando o vocabulário listado e sublinhando-o. Em seguida, faça uma leitura com mais calma.
- Se você ensina inglês, escolha um texto sobre um assunto que interesse aos seus alunos e peça-lhes que, em grupo, prevejam 16 palavras a serem encontradas no texto. Cada grupo então escreve suas palavras numa folha dividida em 4 colunas verticais e 4 horizontais (como numa cartela de bingo). Depois, os grupos leem o texto e vão marcando as palavras encontradas. O grupo que primeiro marcar uma linha vertical ou horizontal ganha o jogo.

12>> LENDO A PRIMEIRA FRASE DE CADA PARÁGRAFO PARA FAZER PREVISÕES SOBRE UM TEXTO

A situação

Você vai ler um texto sobre o primeiro imperador da China e seu exército de terracota. O texto é relativamente longo e você tem pouco tempo para lê-lo. Você gostaria de *skim* o texto a fim de fazer previsões sobre seu conteúdo, mas não há tempo para isso. Você se pergunta se haveria alguma forma de fazer previsões no pouco tempo que você tem disponível para ler o texto.

O texto

Who was the First Emperor?

1 The First Emperor was born Ying Zheng in 259 BC. At the age of 13, he became King of Qin – one of the seven main states competing for power and at war with each other (see map*). Under his leadership Qin conquered the other states using highly developed weapons technology and military strategy. After completing his
5 campaign, the King of Qin declared himself Qin Shihuangdi: First August Divine Emperor of the Qin.

To govern his empire, the First Emperor introduced reforms and enforced strict laws. He planned to join walls from conquered states to create a great wall, and built new roads and canals. Standard weights and measures, a single currency and
10 a universal script allowed him to rule more easily. He built more than 270 palaces in his capital city Xianyang, as a display of power and to house the rulers of the states
12 he conquered.

The terracotta army

1 The First Emperor wanted to govern forever, and tried many potions to prolong his life. He also spent more than 30 years building his tomb complex, a palace where he could rule forever in the afterlife. At the centre of the complex was his tomb. In 1974 a farmer digging nearby found a terracotta head. He had discovered a pit of terracotta warriors.

5 Around 7000 terracotta soldiers have now been found buried in three pits outside the tomb, standing guard. Archaelogists have also excavated pottery entertainers, civil officials and musicians, bronze chariots and birds, and real horses, in an area of 56 km sq. This is now one of the world's most important archaeological sites. But the First
9 Emperor's tomb – rumoured to contain rivers of mercury – remain undisturbed. Who
10 knows what treasures it contains?

*No folheto havia um mapa das sete províncias que guerreavam entre si, não reproduzido aqui.
Folheto da exposição *The First Emperor: China's Terracotta Army*, British Museum, Londres,
13 set. 2007 – 6 abr. 2008.

A estratégia

Respondendo a pergunta inicial: há uma maneira de ler o texto rapidamente para fazer algumas previsões e essa maneira é ler apenas as primeiras frases de cada parágrafo. No caso do texto acima, a leitura das primeiras frases poderia ser apoiada com a leitura dos subtítulos do texto também. Uma forma de se fazerem previsões com tais leituras poderia ser mais ou menos assim:

Leitura	Previsões
Subtítulo 1: **Who was the First Emperor?**	O próximo parágrafo vai apresentar o *First Emperor*, e dar algumas informações sobre ele: onde e quando nasceu e morreu, onde passou a maior parte de sua vida, o que realizou e conquistou no seu império.
1ª frase do 1º parágrafo: *The First Emperor was born Ying Zheng in 259 BC.*	Uma das previsões acima é aqui confirmada. O restante do parágrafo deve tratar dos outros pontos listados acima, deve também falar da família do imperador.
1ª frase do 2º parágrafo: *To govern his empire, the First Emperor introduced reforms and enforced strict laws.*	O parágrafo deve dar exemplos dessas reformas e leis rígidas. Pode, também, fornecer outros dados sobre o governo do *First Emperor*.
Subtítulo 2: **The terracotta army**	Esse exército de terracota deve ser algo importante sobre a vida do *First Emperor*. Os próximos parágrafos devem dar maiores esclarecimentos sobre isso.
1ª frase do 3º parágrafo: *The First Emperor wanted to govern forever, and tried many potions to prolong his life.*	O parágrafo deve explicar quais outras ideias o *First Emperor* teve para prolongar sua vida e de que forma esses *terracotta warriors* estão relacionados com essa busca da vida eterna pelo imperador.
1ª frase do 4º parágrafo: *Around 7000 terracotta soldiers have now been found buried in three pits outside the tomb, standing guard.*	O parágrafo deve dar mais características do exército de terracota.

É necessário lembrar que a formulação de previsões deve ser feita de forma ágil e rápida, inciando-se antes da leitura e continuando paralelamente à leitura rápida que pode ser feita nesse caso, diante do pouco tempo disponível (conforme descrito na situação acima). Essa combinação (previsão de conteúdo e *skimming*) pode auxiliar o leitor a construir sentidos para o texto.

Topic sentences são frases que indicam sobre o que é um parágrafo e às vezes funcionam como um resumo do parágrafo. Comumente essas frases aparecem no início de um parágrafo.

Tipos de texto (*text types*, em inglês) são categorias usadas para descrever diferentes textos de acordo com seu propósito comunicativo, por exemplo, texto narrativo, texto argumentativo, texto persuasivo.

Mesmo quando equivocadas, as previsões ajudam o leitor a estabelecer um diálogo com o texto antes de lê-lo, e uma leitura paralela e/ou subsequente ganha agilidade diante de tais previsões. Tal leitura é, então, caracterizada como um processo de confirmação ou não de tais previsões e não simplesmente como um "primeiro encontro" com o texto.

A pergunta a ser feita nesse ponto é: a previsão de conteúdo a partir da leitura das frases iniciais de cada parágrafo de um texto sempre leva a uma ideia correta sobre o conteúdo do texto? Em textos como o acima, com parágrafos mais longos, essas previsões costumam dar certo, sim. A noção de *topic sentence* ("tópico frasal", em português) apoia a criação de muitos textos.

No entanto, é importante considerar que, propositalmente ou sem perceber, nem sempre o autor de um texto, ao escrever, faz uso de *topic sentences*. Apesar de serem comuns (e recomendáveis) em textos argumentativos, *topic sentences* não são tão comumente usadas em textos narrativos. Além disso, devemos notar que jornais *on-line* atuais tendem a usar uma frase em cada parágrafo. Nesse caso, ler a frase inicial já seria ler todo o parágrafo, portanto outras estratégias (como *skimming*, ou atenção para recursos tipográficos tais como o uso de negrito ou itálico) funcionariam melhor como apoio para previsões.

Concluindo, a estratégia em destaque nesta seção funciona com alguns tipos de texto, e com alguns textos. Sua aplicação, como ocorre com qualquer outra estratégia de leitura, deve ser acompanhada de uma constante avaliação do leitor sobre seus benefícios.

Aplique a estratégia

1 > a. No quadro a seguir, podemos ler apenas o título e o subtítulo de um artigo num jornal para crianças, bem como as primeiras frases de cada parágrafo (numerados na sequência em que aparecem). Leia o texto e faça previsões sobre o restante do artigo, respondendo às perguntas abaixo. O símbolo [...] indica omissão do restante do texto original.

I. Qual deve ser a ideia principal do texto?

_____

II. Qual deve ser a ideia principal do primeiro parágrafo? E seu conteúdo?

_____

III. Qual deve ser a ideia principal do segundo parágrafo? E seu conteúdo?

_____

IV. Qual deve ser a ideia principal do terceiro parágrafo? E seu conteúdo?

_____

Título: Adults working with kids to be checked

Subtítulo: Adults who come into regular contact with children will need to be checked by a new Government scheme.

(1) The Government hopes to make children's lives safer by finding out more about any adult who spends a lot of time with children. [...]

(2) The plans will also affect grown-ups who coach kids' sport teams or who regularly drive children to clubs. [...]

(3) Some people are angry about the new plans, called the Vetting and Barring Scheme, as they say it could put off people helping out with children's activities. [...]

First News 174, 18-24 set. 2009. p. 3.

b. Agora leia os complementos de cada parágrafo, e verifique suas previsões.

(1) [...] School governors, teachers, doctors, nurses and dentists will all need to take part in the scheme.

(2) [...] Each person has to pay £64, unless they are a volunteer.

(3) [...] Children's authors Michael Morpurgo and Philip Pullman are unhappy about the checks and say they will stop visiting schools.

c. Avalie a estratégia: Até que ponto a leitura das frases iniciais dos parágrafos facilitou suas previsões sobre o texto?

Sugestões adicionais

- Procure textos com parágrafos mais longos (na Internet ou em livros didáticos) e use-os para praticar a estratégia, da seguinte forma: leia as frases iniciais de cada parágrafo e faça previsões sobre seu conteúdo. Depois, leia o restante dos parágrafos e verifique suas previsões.
- Em textos de sua escolha, teste a estratégia "ao contrário", lendo todas as frases de um parágrafo com exceção das frases iniciais. Em seguida pense ou escreva uma *topic sentence* para aquele parágrafo, e depois compare a sua frase com a original do texto.
- Selecione um texto *on-line* que contenha mais de uma frase por parágrafo. Copie o texto e cole-o num novo arquivo, copiando também a fonte do texto (http://..). No seu arquivo, retire as frases iniciais de cada parágrafo e cole-as fora de ordem, ao final do texto. Depois, tente reorganizar o texto, fazendo a correspondência entre as frases retiradas e os diversos parágrafos. Compare sua resposta com o texto *on-line*.
- Leia mais sobre parágrafos e *topic sentences* no *site* <http://www.indiana.edu/~wts/pamphlets/paragraphs.shtml>.

13>> PREVENDO AS RESPOSTAS ÀS PERGUNTAS SOBRE UM TEXTO

A situação

Você está fazendo uma prova de inglês. Você já fez quase toda a prova, agora só falta a parte de *Reading*: ela contém um texto para leitura, seguido de perguntas de múltipla escolha sobre o mesmo. Faltam menos de dez minutos para acabar a prova. Você se pergunta se seria uma boa ideia ler as perguntas sobre o texto, bem como as opções de respostas, antes de ler o texto propriamente dito – ou se isso seria uma perda de tempo!

O texto

Read Text I and answer questions 61 to 66, according to it.

Too much homework

1   My daughter is a senior who has a minimum of 5 hours of homework every night. She's taking calculus, physics, English Literature, French V and French Literature. 5 What's the rule for homework? Isn't over an hour per class every night too much? She's rarely in bed before 1:00 am and has to catch the bus at 7:00 the next morning. We have no time for any family activities.

10   She's an A-B student and tells me that kids in advanced or honors classes spend 12 far more time, but she's had to drop all her 13 extra-curricular activities except volleyball because there's no time. Not only that, but 15 she's had to drop her part-time job except for Saturdays, which means that's much less money for college.

Anybody have any answers? Do all teachers assign that much? From some of 20 the other threads, it seems that most think an hour a night is fine... except that if a kid has 5 classes I think that's WAY too much. I can remember spending 2 hours a night 24 and thought it was more than enough!

Disponível em: <http://www.teach-knowledge.com/forum/showthread.php?t=1147>. Acesso em: 1 set. 2009.

61. Considering the characteristics of the text, the author is identified as

    a) an uncle or an aunt.

    b) a brother or a sister.

    c) a grandpa or a grandma.

    d) a father or a mother.

    e) a nephew or a niece.

62. Based on the text, it is correct to say that the daughter is

    a) a busy teacher.

    b) a hardworking student.

    c) a jobless adolescent.

    d) a lazy teenager.

    e) a college physician.

63. It is correct to say that the aim of the text is
    a) to complain about students' great amount of homework.
    b) to validate the number of different school subjects.
    c) to promote the excess of extra-curricular activities.
    d) to justify some of school teachers' lack of free time.
    e) to denounce the need for additional homework.
    [...]

Disponível em: <http://www.coperve.ufpb.br/pss2010/Provas/Prova1_Ingles.pdf>. Acesso em: 9 fev. 2011.

A estratégia

A ideia de ler as perguntas antes de fazer a tarefa é muito boa, sim. No caso da situação acima, há pouco tempo disponível e a estratégia torna-se ainda mais recomendável: pelo menos duas das três perguntas podem ser respondidas com uma identificação de informação específica no texto. A pergunta 61 tem sua resposta nas primeiras palavras do texto (*My daughter*): a localização desta informação (que leva a uma rápida escolha da opção *d*) é tão fácil que o leitor pode até desconfiar de que há algo errado nesta decisão. Mas não há, *d* é mesmo a resposta correta. A pergunta 62 também pode ser respondida rapidamente, com um *skimming* do texto: este processo deve levar a um rápido reconhecimento de que *the daughter* é uma estudante, e o conteúdo dos dois primeiros parágrafos reforça a ideia de que ela é *hardworking* – ambas as conclusões levam à escolha da opção *b*. Uma dúvida pode ocorrer neste ponto: a filha é também uma *adolescent* (opção *c*) e *teenager* (opção *d*), mas o mesmo *skimming* que indicou que a moça é *hardworking* exclui a possibilidade de ela ser *lazy*, o que exclui a opção *d*. A dúvida então seria: ela é *jobless* (opção *c*) ou não? Um *scanning* de termos relacionados a trabalhos leva o leitor a achar *part-time job except for Saturdays* (linhas 15 e 16), portanto a opção *c* é excluída, confirmando-se a escolha de *b*.

A pergunta 63, que indaga o objetivo do texto (e portanto não se caracteriza como uma questão de *look for specific information*), pode parecer mais complicada do que é. Mas repare que o mesmo *skimming* feito para chegar à resposta das perguntas 61 e 62 pode levar o leitor a concluir que a resposta correta é a alternativa *a*. Curiosamente, para responder à pergunta, o que levaria mais tempo seria ler as alternativas, e isso é algo que o leitor teria de fazer de qualquer modo, mesmo que não lesse as perguntas antes de ler o texto! Como se vê, a estratégia aqui focalizada implicaria uma economia de tempo marcante para o leitor.

Em termos mais gerais, a previsão de respostas a perguntas sobre um texto é particularmente válida em situações como a descrita acima, em que se estão fazendo testes ou se preparando para eles com exercícios que requerem tarefas de compreensão de leitura. Como vimos nos parágrafos acima, pode ser possível responder a algumas perguntas sobre um texto mesmo sem se fazer toda a leitura do mesmo, já que as perguntas podem orientar o leitor a decidir que informações específicas devem ser procuradas através de *scanning*. Podem, também, apoiar o leitor num *skimming* à procura de ideias mais gerais.

Para praticar esta estratégia, pode-se inicialmente categorizar as perguntas como IG (se elas envolvem informações gerais sobre o texto, tais como sua ideia principal) ou IE (se elas envolvem informações específicas, tais como o sentido de uma palavra ou expressão ou frase). Isso pode orientar os processos de *skimming e scanning* após a leitura das perguntas. Para praticar ainda mais, o leitor pode marcar no texto as palavras, grupos de palavras ou linhas em que as informações específicas procuradas se encontram.

Há dois desafios a serem considerados na aplicação desta estratégia. O primeiro deles ocorre com leitores que têm, sempre, necessidade de ler todo o texto a fim de responder a perguntas sobre ele. Para esses leitores, esta estratégia pode parecer um "caminho ao contrário". Se você dá aulas de inglês e tem alunos com esse perfil, lembre-se de que eles vão precisar de mais persuasão e tempo para perceber os benefícios desta estratégia.

O segundo desafio ocorre em situações em que há muitas perguntas sobre o texto e seria difícil guardar todas as perguntas na memória. Nesses casos, pode ser melhor ler algumas perguntas apenas, ou fazer uma leitura rápida de todas as perguntas. É importante lembrar que, em testes, é sempre recomendável fazer toda a leitura do texto, a fim de poder selecionar respostas e excluir opções indevidas uma a uma, cuidadosamente. No entanto, nessas ocasiões, nem sempre temos tempo para ler e responder com tal rigor. Portanto, a leitura prévia das perguntas pode auxiliar o leitor a tomar decisões mais rapidamente, mesmo que não haja tempo para que as decisões sejam verificadas!

Concluindo: se você tem uma tarefa de leitura que envolve perguntas sobre o texto, procure sempre ler as perguntas que você terá de responder antes de fazer a leitura do texto. Ler as perguntas antes da leitura é mais ou menos como fazer uma lista de compras antes de ir ao supermercado: você vai achar os produtos que procura se passar por todas as filas e olhar cuidadosamente todas as prateleiras, mas a lista orientará o seu olhar e fará com que você faça as suas compras de forma mais eficiente.

Aplique a estratégia

1 > a. As perguntas a seguir referem-se a um texto intitulado *Olympics: Then and Now*. Leia as perguntas e preveja suas respostas em seu bloco de notas.

1. In what year and what city did the first Olympics take place?
2. Compare women's roles in ancient games to modern games.
3. What did ancient winners get for a prize?
4. What do today's winners get for a prize?
5. Name three sports played in both the ancient and the modern games.
6. Write three ways the modern games are different from the ancient games.

Hood, Christine. *Summer Skills Daily Activity Workbook, Grade 4*. Nova York: Spark Publishing, 2007. p. 92.

b. Agora leia o texto e verifique (confirmando, ou alterando) suas previsões.

Olympics: Then and Now

The Olympic games have been around a long time. The first began in Greece in 776 BCE. That is more than 2,700 years ago! They took place every fourth summer in the city of Olympia. Only free men who spoke Greek could compete. Women could not compete at all. Maybe this is because the men competed without clothes! Back then there were only a few events. Some of them were the same as today. These included foot races, wrestling, boxing, and jumping. Others were very different though, like chariot races. Winners did not receive medals, but they were given wreaths of olive leaves.

The Olympic games have changed a lot over the years. Today there are both summer and winter games. Now both men and women can compete. Women usually make up half of the teams. More than 200 different countries compete, not just one. Each Olympics is held in a different city around the world. There are many more sports today. In the winter and the summer Olympics there are more than 35 different sports.

c. Avalie a estratégia: até que ponto a leitura das perguntas, acompanhada de previsões de suas respostas, facilitou a sua leitura do texto?

_____

_____

_____

_____

_____

2 > a. A seguir temos um pequeno parágrafo, seguido de perguntas sobre ele. Leia as perguntas e tente respondê-las antes da leitura do parágrafo.

Scientists have known for a long time that vitamin D is essential for humans. If children have a vitamin D or calcium deficiency, they can develop rickets, a softening of the bones. New studies are showing that people of all ages need vitamin D to help them fight off diseases by keeping their immune systems strong.

Our bodies can make vitamin D when our skin is exposed to sunlight. However, it's best to eat a diet that is rich in the vitamin.

1. The main idea of this paragraph is that vitamin D _____.

    a. is found in milk

    b. has been studied by scientists

    c. is no secret

    d. is important for good health

2. If something is essential, it is _____.

    a. harmful

    b. expensive

    c. dreadful

    d. needed

3. When you have a deficiency of something, you _____.

    a. have all you need

    b. do not have enough

    c. look like an onion

    d. are rich

4. Which statement is false?

    a. Some foods contain vitamin D.

    b. Our bodies can use sunlight to make vitamin D.

    c. Some people don't have to get vitamin D from food.

    d. If you're a child, you will definitely get rickets if you don't play in the sun.

Adaptado de: <http://www.rhlschool.com/read12n11.html>. Acesso em: 9 fev. 2011.

b. Agora leia o parágrafo e verifique suas respostas, alterando-as se necessário.

c. Reflita: a previsão de respostas antes da leitura do texto facilitou a tarefa?

Sugestões adicionais

- O *site* http://www.passeiweb.com/vestibular/provas/contém inúmeros testes recentes de vestibular. Explore alguns deles, prevendo algumas respostas possíveis antes da leitura dos textos.
- Usando o *site* sugerido acima ou outros recursos que contenham exercícios de compreensão de texto (por exemplo, livros didáticos), pratique a estratégia seguindo os seguintes procedimentos: (1) Leia as perguntas e preveja as respostas; (2) Leia o texto; (3) Retorne às perguntas, responda-as sem ler as opções de respostas; (4) Compare suas respostas em (1) e (3).
- Escolha uma leitura seguida de exercícios de compreensão sobre o conteúdo do texto. Leia as perguntas e, para cada uma delas, marque IG (se se tratar de informações gerais sobre o texto) ou IE (se tratar de informações específicas). Em seguida, leia o texto, sublinhando onde se encontram as informações específicas.

14» IDENTIFICANDO OS AUTORES E LEITORES POTENCIAIS DE UM TEXTO

A situação

Ao andar no corredor de uma universidade britânica, um brasileiro que visita a universidade depara-se com um minicartaz pendurado num quadro de avisos. No alto do minicartaz, vê-se o emblema da universidade e uma foto do Parlamento Britânico. Abaixo da foto, há informações sobre uma palestra aberta ao público. O leitor acha interessante a ideia de assistir a uma palestra numa universitade britânica, mas ele se pergunta se a palestra fará referências a fatos locais, específicos, que um visitante estrangeiro poderá não conseguir acompanhar.

O texto

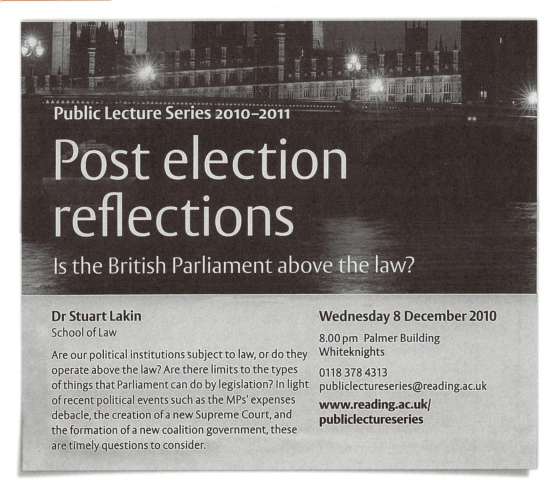

Public Lecture Series 2010–2011

Post election reflections

Is the British Parliament above the law?

Dr Stuart Lakin
School of Law

Are our political institutions subject to law, or do they operate above the law? Are there limits to the types of things that Parliament can do by legislation? In light of recent political events such as the MPs' expenses debacle, the creation of a new Supreme Court, and the formation of a new coalition government, these are timely questions to consider.

Wednesday 8 December 2010
8.00 pm Palmer Building
Whiteknights

0118 378 4313
publiclectureseries@reading.ac.uk

www.reading.ac.uk/ publiclectureseries

A estratégia

Pronomes possessivos são pronomes que expressam noção de posse, podendo acompanhar (por exemplo, *my, your, his*, etc.) ou representar (por exemplo, *mine, yours, his, hers* etc.) os substantivos.

Pronomes são palavras que substituem os substantivos (por exemplo, *I, you, they* etc.; *mine, yours, theirs* etc.; *myself, yourself, themselves* etc.; *another, nobody* etc.) ou os acompanham, dando-lhes informações adicionais (por exemplo, *my, your, their* etc.; *this, that* etc.; *few, many* etc.).

O leitor tem razão ao suspeitar que a palestra possa tratar de temas específicos, com características e fatos relativos ao contexto da política britânica que um estrangeiro não necessariamente conhecerá. Mas não é pelo simples fato de que o evento anunciado acontecerá num contexto britânico que tais elementos locais serão a tônica da palestra: o foco local é característico desse evento em particular, e tal foco pode ser percebido através da identificação dos potenciais leitores do texto, auxiliando sua decisão.

"Mas como isto é feito?" você pode estar se perguntando, "Como posso identificar esses potenciais leitores na minha leitura?" No texto acima, alguns elementos apontam para as características desses leitores:

- O título da palestra: Em *Post election reflections*, não se especifica de que eleições o texto trata. A princípio, então, a palestra poderia tratar de reflexões após quaisquer eleições! Mas não é este o caso. O subtítulo (*Is the British Parliament above the law?*) e a foto do parlamento britânico apontam que as eleições em foco são as eleições britânicas ocorridas alguns meses antes da palestra, mas a omissão do contexto no título pode ser um indício de que se espera que o leitor vá automaticamente associar tais eleições a este contexto específico.

- O uso da abreviação MP (*Member of Parliament*): ao optar por não explicitar o que a abreviação significa, o autor sinaliza que seu leitor em potencial deve saber seu significado. Esta decisão sinaliza que os leitores em potencial conhecem o contexto da política no Reino Unido.

- A lista de eventos mencionados em *the MPs' expenses debacle, the creation of a new Supreme Court, and the formation of a new coalition government*: na ausência de mais detalhes sobre tais fatos, presume-se que o leitor saiba exatamente do que eles tratam.

- uso de *our* em *Are our political institutions subject to law...?* Pronomes possessivos são elementos importantes num texto quando procuramos identificar autores ou leitores em potencial. Ao usar *our*, o autor do texto estabelece uma relação de *britishness* com seu leitor.

Um autor sempre pensa no seu leitor ao escrever. Ao fazer isso, decide o tom do texto (formal ou informal); os detalhes que devem ser incluídos; as informações que podem ser omitidas porque se espera que o leitor tenha conhecimento prévio delas; entre outros. Às vezes o autor de um texto deixa claro quem são os leitores que ele tem em mente, como no exemplo a seguir, encontrado na introdução de um livro didático de inglês.

> Who is 'Teach Yourself English' for?
> This course is for adult learners who want to understand and speak English with confidence
>
> Stevens, Sandra. *Teach Yourself: English as a foreign language*. Londres: Hodder Education, 2003. p. X.

No entanto, esta indicação explícita do leitor em potencial não ocorre em todos os textos; na grande maioria das vezes ela é feita de forma implícita (como no minicartaz acima sobre a palestra), e cabe ao leitor fazer as inferências necessárias sobre o autor e/ou potencial leitor de um texto. Se você está se perguntando neste ponto, "Mas para que temos de fazer isso? Quais as vantagens envolvidas nesta identificação?", vamos considerar algumas situações:

- Você está procurando um livro sobre *climate change* para ler. Você é adolescente, não é especialista no assunto, mas tem curiosidade sobre ele. Não seria interessante comprar um livro escrito para biólogos, ou um livro escrito para adultos em geral.
- Você caminha na rua e vê uma pessoa distribuindo panfletos. Você não sabe sobre o que são os panfletos, mas pega um: ao ver o assunto (detalhes sobre uma nova clínica onde se faz *piercing*) você se desinteressa e joga o panfleto fora. Que desperdício de papel!
- Você navega na Internet, procurando informações sobre os benefícios de algumas frutas para a saúde. Como resultado de sua busca, identifica dezenas de *links* que poderia consultar mas fica em dúvida sobre a sua confiabilidade.
- Há crises políticas sérias no mundo e você gostaria de entender mais sobre elas a partir de leituras de jornais *on-line*. Mas que jornais escolher? Como obter uma análise mais abrangente, que inclua várias perspectivas e não seja unilateral?

Em todas as situações acima é muito importante saber quem escreveu o texto, e com que leitores em mente. Tais características afetarão de forma importante o conteúdo do texto, especialmente quando você procura informações que terão impacto no seu entendimento sobre o mundo. Ao ler sobre uma nova tecnologia (por exemplo, clonagem humana) sobre a qual você não tem opinião formada, haverá consequências diversas no seu entendimento sobre os benefícios e riscos da tecnologia, dependendo da sua escolha de texto:

Autor	Potencial Leitor
Cientista que desenvolveu a tecnologia	Outros cientistas, favoráveis ou não à tecnologia
Político que quer se promover por implementar a tecnologia	Outros políticos que vão votar sobre a implementação da tecnologia
Repórter de jornal sensacionalista	Público em geral
Vários, num *chat on-line*	Os participantes do *chat*

Se a sua tarefa de leitura é mais pragmática, por exemplo, se você está fazendo um teste que requer compreensão do conteúdo do texto, nem sempre será necessário identificar seu autor e potencial leitor – a não ser, claro, que haja uma pergunta específica sobre isso. De qualquer forma, a capacidade de aplicação desta estratégia está associada ao desenvolvimento de leitores críticos. Ao identificar quem escreveu um texto, e para quem, um leitor entende aquele texto dentro de um contexto que envolve condições de produção e recepção específicas. Isso é importante porque, variando-se tais condições, varia também o texto propriamente dito. Em outras palavras, autores e leitores contribuem para os sentidos de um texto, e um leitor estratégico precisa estar atento a essas questões.

Aplique a estratégia

1 > a. O texto a seguir foi tirado de um livro de ciências para um público específico. Leia o texto e responda: que público é este?

_____

_____

A science book for girls? Isn't science gender-free? Yes and no. While science isn't male, most of the people who work in the sciences are. Only about one in ten science and engineering workers in the United States, Great Britain and Canada is female. Women are losing out on jobs that pay more than traditional female occupations.

For some time, researchers have been asking why so few young women choose science-related careers. Theories include the lack of female role models and mentors, girls' underdeveloped spatial visualization skills and learning styles are incompatible with the scientific method practiced by men. Whatever the reasons, one thing is clear: girls begin to "turn off" science at an early age.

Consulte a seção *Respostas dos exercícios* (p. 192) para saber a referência bibliográfica do texto.

b. Quais são as justificativas dadas pelo autor para escrever um livro para tal público?

_____

_____

_____

c. Você concorda com essas justificativas?

_____

2 > a. O texto a seguir foi retirado de um livro de história do mundo destinado a um público específico. Leia o texto e tente identificar que público é esse.

_____

Have you ever come across an old school exercise book, or something else you once wrote and, leafing through it, been amazed at how much you have changed in such a short time? Amazed by your mistakes, but also by the good things you have written? Yet at the time you hadn't noticed that you were changing. Well, the history of the world is just the same.

> Gombrich, E. H. *A little history of the world*. Padstow: TG International, 2005. p. 163.

b. Justifique a sua resposta com elementos do texto.

_____

_____

_____

Sugestões adicionais

- Visite alguns *sites* que contêm anúncios (para tal, faça uma busca por *adverts*) e, após ver um anúncio, pense: a que público tal anúncio é dirigido? Como o texto procura atingir essa *audience* nas palavras, imagens e outros recursos visuais que usa?
- Leia dois textos sobre o mesmo assunto, escritos para públicos diferentes (por exemplo, um artigo sobre um evento recente num jornal para adultos e num jornal para crianças). Compare os textos, procurando identificar como os autores "ajustaram" a sua forma de escrever dependendo do público que tinham em mente.
- Se você dá aulas de inglês, estimule seus alunos a compreenderem as informações contidas numa URL: por exemplo, verifique se eles sabem que a terminação ".edu" significa que o *site* remete a uma universidade americana; que .ac.uk indica uma universidade do Reino Unido; que *blogs* e *wikis* podem ser identificados também no URL de um *site*. A partir desse entendimento, peça-lhes que façam buscas por assuntos de seu interesse e que tentem identificar os autores e potenciais leitores de alguns *sites* encontrados a partir de seus URLs.

URL é a sigla de *Universal Resource Locator* (em português, "Localizador Universal de Recursos"), que significa "endereço virtual", ou seja, um endereço de um site, imagem ou arquivo na *web*. Por exemplo, www. mec.gov.br é o URL do Ministério da Educação.

15» IDENTIFICANDO O TIPO DE TEXTO

A situação

Você está lendo uma revista, e um texto chama a sua atenção: ele dá informações sobre como fazer uma assinatura de tal revista. Além do texto principal (reproduzido abaixo), o texto inclui uma foto de uma capa da revista. Abaixo da foto há uma pequena ficha para ser preenchida pelo interessado com detalhes da assinatura (sua duração, nome e endereço do futuro assinante). Mas o que lhe chama a atenção é o fato de que, na parte inicial do texto, algumas palavras aparecem em caixa alta e outras não. As palavras em caixa alta encontram-se em negrito e uma delas (*free*) em negrito e itálico ao mesmo tempo. Você já sabe que é importante apoiar sua leitura em recursos tipográficos como uso de itálico e negrito e de fato esses usos chamam sua atenção, mas você se pergunta: por que o autor do texto repetiu e destacou a palavra *free*? Por que usou negrito no título e no subtítulo? Haveria alguma intenção por detrás dessas escolhas?

O texto

1 **Have**
2 **EXECUTIVE GOLFER**
3 **Sent to Your Home!**
4 **The magazines are FREE. All you pay is postage and handling.**

5 Get a big bonus in the June issue – ***FREE*** – containing our annual private club guest
6 policy directory – a $25 value. The directory lists 3,300 of America's private golf clubs.
7 The listings include guest policies, phone numbers, e-mail addresses, yardage, and the
8 names of head professionals. Cost is $25 if purchased separately.

Executive Golfer, February 2011. p. 8.

A estratégia

Quanto mais diferente for determinada parte de um texto, mais essa parte poderá chamar a atenção do leitor. O uso de caixa alta, negrito, itálico e repetição da palavra *free* não é por acaso. O autor do texto optou por esses recursos para chamar a atenção do leitor. Essa justificativa parece ser óbvia, mas há algo "por detrás" desse interesse em chamar a atenção do leitor: mais do que informar sobre os benefícios associados à assinatura da revista (linhas 6-8), o autor do texto quis convencê-lo a fazer algo; no caso, fazer uma assinatura da revista.

É importante ressaltar que o autor do texto não inventou um código a fim de atingir seu objetivo. O que ele fez foi lançar mão de convenções de escrita associadas à produção de textos persuasivos: repetição, uso de caixa alta e de pontos de exclamação, uso de *you/your* para tornar o texto mais pessoal, ausência de visão oposta, uso de recursos tipográficos que destacam informações centrais no texto. De fato, muitos textos persuasivos empregam esses recursos, e mais alguns, para cumprir seu objetivo de convencer o leitor a fazer algo.

Portanto, saber identificar o propósito de um texto ajuda o leitor a entender por que (e para quem) o texto foi escrito e essa identificação, por sua vez, auxilia o leitor a localizar outros recursos usados pelo autor para atingir seus objetivos. Esse entendimento tornará a leitura mais crítica e eficiente, pois o leitor que percebe os recursos usados por um autor para tentar persuadi-lo a fazer algo certamente irá se posicionar diante do texto com maior precaução, perguntando-se: "Por que será que o autor do texto quer me convencer a fazer algo? Será que eu quero ou preciso ser convencido a fazer isso?"

Nem todos os textos têm o objetivo de persuadir o leitor a fazer algo. Há outros tipos de texto, e cada um deles tem diferentes objetivos e faz uso de diferentes recursos. O quadro abaixo contém mais informações:

> **Advérbio** é uma palavra que modifica o sentido do verbo, acrescentando a ele noções de modo (*He read carefully.*), tempo (*Read this now.*), intensidade (*She read a lot.*), entre outras. Os advérbios de intensidade também podem modificar adjetivos (*He's an extremely generous person.*) e outros advérbios (*Read this very carefully.*).

Tipo de texto	Propósito	Recursos
Persuasivo (*Persuasive*)	Convencer; persuadir o leitor a fazer algo	Repetições Uso de caixa alta Uso de negrito e itálico Uso de *you/your* Uso de pontos de exclamação Inclusão de aspectos positivos sobre algo; omissão de seus aspectos negativos
Descritivo (*Descriptive*)	Descrever pessoas ou lugares	Uso de comparações (com *like*, por exemplo) Uso de adjetivos e advérbios Referências aos sentidos (*how something feels, looks, tastes, sounds and smells*)

Discurso direto caracteriza-se pela reprodução exata da fala de uma pessoa ou personagem (*His father said: "You must be home by midnight."*).

Discurso indireto caracteriza-se pelo relato de uma fala de forma indireta (*His father told him to be back home by midnight*).

Imperativo é uma forma verbal que expressa uma ordem, comando, sugestão ou conselho. Uma frase no imperativo termina em ponto final ou de exclamação: *Do it!; Read that book.; Don't forget to call me.*

Narrativo (*Narrative*)	Narrar eventos; entreter	Uso de *time expressions* (*then, after that, in the morning*) Uso de linguagem emotiva Uso de diálogos Uso de discurso direto e indireto Frequência de pronomes (*I, me, she, her* etc.)
Argumentativo (*Argumentative*)	Apresentar um ponto de vista	Uso de explicações Exemplos e comparações Avaliações Inclusão de diferentes pontos de vista
Informativo (*Informative*)	Informar sobre algo (fatos, eventos, objetos, serviços)	Uso frequente do presente Inclusão de fatos Pouca ou nenhuma repetição Apresentação de ideias de forma sucinta e clara, muitas vezes em *bullets*
Instrucional (*Instructional*)	Instruir, ensinar como algo deve ser feito	Uso frequente de *must* e *must not* Escritos como se fosse uma conversa com o leitor (mas a palavra *you* não aparece com frequência) Uso do imperativo Uso de diagramas ou ilustrações para facilitar entendimento Linguagem direta

Note-se que as categorias acima não são independentes, e muitas vezes um mesmo texto apresenta características de dois tipos diferentes. Por exemplo, o texto acima é ao mesmo texto persuasivo e informativo. Note-se, também, que um mesmo tipo de texto pode ser representado através de vários gêneros textuais. Por exemplo, um texto narrativo pode existir como um romance, uma lenda, um artigo de jornal; um texto instrucional pode aparecer como uma bula de remédio, um manual de instruções, entre outros. Desta forma, é importante não confundir tipologia textual (o foco desta seção) com gêneros textuais, assunto da próxima estratégia.

Para concluir, lembre-se: textos de mesma tipologia tendem a ser organizados de forma similar e a usar recursos similares. Portanto, ao ler um texto em inglês, procure responder: Que tipo de texto é este? (*Narrative/Descriptive/Informative/Persuasive*/etc.). Saber responder a essa pergunta pode ajudar um leitor no seu entendimento do texto: ao identificar a tipologia textual do que lemos identificamos, também, o objetivo do texto lido – e esta é sempre uma informação importante sobre o texto.

Aplique a estratégia

1 > a. Leia os textos a seguir e relacione as colunas:

Texto 1

Support for international students

We offer professional, confidencial, and non-judgemental support to help students with cultural and academic adjustment.

. One-to-one confidential support

. Drop-in service

. Ongoing orientation for incoming international students

Minicartaz *International students support: Helping you get the most from your time at Reading,* University of Reading, Reino Unido.

Texto 2

Follow the directions below closely. You should ask your doctor or pharmacist if you are unsure how to use this medicine.

Alka-Seltzer Original tablets must always be dissolved in water before use.

Adults and children over 16:

Two tablets dissolved in half a glass (100ml) of water may be taken every 4 hours as required. You should not talke more than 8 tablets in 24 hours. [...]

Bula do remédio Alka Seltzer.

Texto 3

He was a fine figure of a man: tall, quite heavy around the neck and shoulders, not a bit fat, with long legs. And he had a strong face, with a high forehead and a long jaw and bright blue eyes; not pretty, like a film star, but the kind of face that appealed to a woman. Except for the mouth - that was small and thin, and she could imagine him being cruel.

Follett, Ken. *Eye of the needle.* Londres: Pan Books, 1978. p. 8.

Texto 4

Dozens of firefighters battled a blaze fuelled by 40 mph winds on the Yakima Indian Reservation Saturday night that consumed 20 homes, officials said. The fire apparently started in one house and then spread. Two firefighters were treated for minor injuries, said Sgt. George Town of the Yakima County Sheriff's Office.

USA Today, 14 fev. 2011. p. 9A.

	TEXTO 1	( ) Narrative
	TEXTO 2	( ) Descriptive
	TEXTO 3	( ) Instructional
	TEXTO 4	( ) Informative

b. Justifique suas respostas acima, identificando em cada texto pelo menos um recurso usado pelo autor a fim de produzir tal tipo de texto.

TEXTO 1	
TEXTO 2	
TEXTO 3	
TEXTO 4	

Sugestões adicionais

- Para testar essa estratégia, faça uma busca por "*video games*" na Internet e identifique os tipos de alguns textos. Lembre-se: anúncios, depoimentos de usuários, instruções de uso, entre outros, deverão ter funções diferentes. Observe se os textos procuram persuadir, narrar, descrever, informar, argumentar ou dar instruções.
- Para saber mais sobre tipos de textos, veja o *site* <http://www.bbc.co.uk/skillswise/words/reading/typesoftext/index.shtml>. Além de informações, o *site* contém um jogo, um teste, exercícios e dicas para professores sobre o assunto.
- Saber identificar os propósitos de um texto está diretamente relacionado à identificação dos tipos de texto. Para praticar essa identificação, visite o *site* <http://www.citycol.com/basic_skills/Quizzes/Purpose/reading_purpose.htm>.
- Pratique esta estratégia lendo (ou relendo) um ou mais textos deste livro e procurando identificar (1) o tipo de texto representado; (2) os recursos usados pelo autor para produzir tal tipo de texto.

16» IDENTIFICANDO O GÊNERO TEXTUAL E COMPREENDENDO SUAS CARACTERÍSTICAS

A situação

Você está navegando na Internet, procurando informações sobre atrações para turistas em Londres. Você encontra uma página que parece conter informações interessantes, e um quadro no alto do texto lhe chama a atenção. Mas em poucos segundos você se desinteressa pela informação da caixa, e pensa: "Esse texto é um anúncio; eu não quero anúncios. Quero informações imparciais, que não sejam tendenciosas, e não tentem me vender um produto". Mas antes de prosseguir a leitura você fica em dúvida: "Será que estou certo? Será que aquele texto é mesmo um anúncio? Como posso ter certeza de que minha conclusão é acertada? Será que essa percepção envolve alguma estratégia de leitura que posso aprender a usar de forma mais eficaz?"

O texto

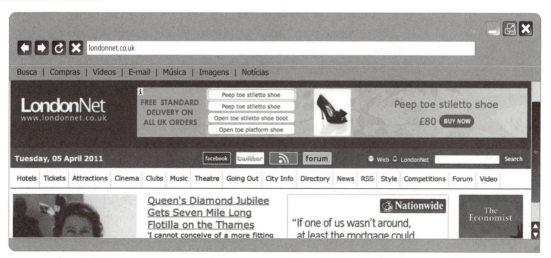

Disponível em: <http://www.londonnet.co.uk/In/out/ent/kids.html>. Acesso em: 5 abr. 2011.

A estratégia

A sua conclusão original, de que a *homepage* reproduzida contém um texto publicitário, é acertada. Você pode ter certeza disso ao observar o uso de alguns elementos no quadro do alto da tela: uso de cores diferenciadas e fontes tipográficas que chamam a atenção do leitor; uso da locução *buy now*, que tenta persuadir o leitor a fazer algo. Você pode reforçar a sua conclusão, também, a partir da localização do quadro na página: ele se encontra na margem superior da *homepage*, um local onde costumamos encontrar anúncios.

Portanto, a sua leitura baseou-se em conhecimento prévio (de organização de páginas de *web*, de recursos visuais e linguísticos usados em anúncios) e, portanto, as suas conclusões iniciais são até mesmo esperadas. Normalmente fazemos todas essas associações com o que lemos, e às vezes basta um pequeno elemento para nos levar a conclusões bastante importantes sobre o texto: por exemplo, se lemos as palavras iniciais *Once upon a time* em um texto, concluímos que vamos ler um conto de fadas; se lemos *Dear Sir or Madam* no alto de um texto, imaginamos que se trata de uma carta formal.

Em outras palavras, nossa experiência como leitores nos faz identificar o gênero textual (por exemplo, anúncio em página de *web*, conto de fadas, carta formal, lista de compras) com que nos deparamos de forma mais ou menos automática. De certa forma, estamos condicionados a fazer essa identificação rapidamente, e esse condicionamento nos ajuda a lidar com novos textos mais rapidamente. Se tivéssemos que "começar do zero" a leitura de cada um desses textos, levaríamos mais tempo para fazer tais leituras.

Deve-se ressaltar que a importância da categorização dos textos que lemos (como anúncios, poemas, cartas de amor, receitas etc.) vai além da economia do tempo necessário para a leitura, como visto acima. Outros processos importantes acontecem paralelamente: ao identificar o gênero textual, o leitor ativa seu conhecimento prévio sobre aquele gênero: quem normalmente o escreve, para quem, com que objetivo, usando que recursos verbais e não verbais. Isso aconteceu na situação acima, em que o leitor desconfiou da imparcialidade do texto ao inferir que se tratava de um anúncio.

A identificação de um gênero textual envolve, então, elementos exteriores ao texto propriamente dito, por exemplo, o objetivo do texto; o propósito do autor ao escrever o texto; o leitor idealizado durante o processo de escrita; o meio utilizado para escrever (papel, tela, metal etc.). Esses elementos, por sua vez, refletem-se na configuração interna do texto, levando o autor a decidir, por exemplo, se deve escrever em prosa ou em verso; se precisa adicionar ilustrações, títulos, subtítulos, legendas; se deve escrever em parágrafos, em *bullets*, em listas numeradas; se deve usar vocabulário formal ou informal; se as frases devem ser longas ou curtas, entre outros.

Muitas vezes um texto apresenta uma combinação de gêneros, como no exemplo acima, em que um anúncio foi apresentado "como parte" de uma página de *web*, tentando nela se integrar para, talvez, minimizar o impacto de sua natureza publicitária. De fato, anúncios aparecem muitas vezes "camuflados" em outros gêneros, que podem ser cartas formais, entrevistas, artigos em revistas, entre outros.

O leitor neste momento pode dizer: "Mas qual é a novidade de tudo isso? Eu já aprendi sobre isso nas minhas aulas de português, e sei usar esta estratégia nas minhas leituras em língua portuguesa". *Fair enough*. No entanto, a transposição desta (e de outras estratégias) não é automática de uma língua para outra, como vimos na primeira parte deste livro; além disso, as características de gêneros textuais podem variar de forma importante entre as línguas – e mesmo entre variantes de uma mesma língua. Vejamos alguns exemplos: recibos de compras nos Estados Unidos costumam incluir mensagens como *Have a nice day*, o que a princípio pode soar estranho para um brasileiro (e mesmo para um britânico!). Cartas de recomendação em inglês costumam ser diretas e objetivas, ter frases curtas, evitar figuras de linguagem, enquanto em português, podemos encontrar esses recursos. *E-mails* também variam entre as duas línguas: novamente, os falantes de inglês tendem a ser mais objetivos que os falantes de português, e uma resposta curta (em um *e-mail* escrito por um americano) a um *e-mail* longo (escrito por um falante de português) não necessariamente significa, como um brasileiro pode pensar, que o americano foi mal-educado, ou que não se interessou pelo que foi escrito originalmente: cada escritor estava apenas seguindo suas "normas de como escrever um gênero textual" ao compor seu texto. Artigos acadêmicos são outro exemplo de gênero textual cujas características variam muito entre as duas línguas: se você lê (ou escreve) *academic papers* em inglês e português, terá de se familiarizar com essas diferenças.

Outro aspecto a ser considerado é a necessidade constante de aprendermos sobre gêneros textuais. O desenvolvimento de novas tecnologias ocasionou o aparecimento de novos gêneros textuais nos últimos anos: *e-mails, blogs, chats, homepages, wikis, tweets* (entre outros) são gêneros que nossos pais não conheciam quanto tinham a nossa idade! Não é um absurdo imaginar que novos gêneros surgirão nos próximos anos; pelo contrário, com a velocidade que novas tecnologias vêm aparecendo, é bem provável que isso aconteça! E leitores desses novos gêneros terão de aprender sobre suas características, o que faz com que esta estratégia de leitura precise ser constantemente atualizada.

Variantes linguísticas são as diferentes formas em que uma mesma língua é falada, dependendo de diferenças regionais, sociais, de idade, entre outros. Do ponto de vista linguístico, todas as variantes são igualmente legítimas e não há uma que seja "melhor" do que a outra.

Aplique a estratégia

1 > a. Faça a correspondência entre as colunas, relacionando os trechos de textos abaixo com seus gêneros textuais.

I. Although reading has been studied for many years, there are still a number of gaps in our understanding of the reading process.   ( ) uma receita

II. gr8! c u later then   ( ) um artigo acadêmico

III. The wedding was attended by thousands of people from kingdoms from all over the world, and Prince Philip and Princess Katherine lived happily ever after!   ( ) um conto de fadas

IV. Just by visiting us you can combine an unforgettable day with your family with an opportunity to learn more about the natural world.   ( ) uma enciclopédia para crianças

V. Combine all the ingredients in a bowl, then season. Sprinkle some cheese on top and it's ready to be served!   ( ) um artigo de jornal

VI. Leaders from the European Union will meet next month to discuss recent developments in the Middle East.   ( ) uma mensagem de texto

VII. Spiders may look like insects, but they are not. They belong to a group of animals called arachnids. One important difference between those groups is that insects have six legs, while arachnids have eight legs.   ( ) um folheto de um parque

b. Verifique suas respostas na p. 195, reflita e registre em seu bloco de notas: quais características dos textos podem ajudar o leitor a identificar seu gênero textual?

2 > a. Observe rapidamente os textos a seguir e assinale a alternativa que responde à pergunta: O que esses textos têm em comum?

Texto 1

The construction of the Tower of Pisa began in 1174. The builders made a big mistake. They built the foundation in sand, and sand shifts frequently. Over the years the tower started to lean. It now is more than 16 feet out of line.

Texto 2

Begun in 1173 on sandy silt subsoil, the Leaning Tower (Torre Pendente) started to tilt even before the third storey was finished in 1274. Despite the shallow foundations, construction continued and the structure was completed in 1350. The tower's apparent flouting of the laws of gravity has attracted many visitors over the centuries, including the Pisan scientist Galileo, who climbed to the top to conduct his experiments on the velocity of falling objects. [...]

Texto 3

We had a great time in Pisa. We learned the history of Pisa and found out that every year it continues to 'lean/sink' more... I wonder what year it expected to not be able to support itself anymore. That would not be a beautiful site.

Fontes: Texto 1: Hartcourt Family Learning. *Reading skills, Grade 6*. Nova York: Spark Educational Publishing, 2004. p. 108; Texto 2: <http://www.travbuddy.com/travel-blogs/18881/Leaning-Tower-Pisa-8>. Acesso em: 25 mar. 2011; Texto 3: *DK Eyewitness Travel Guides: Italy*. Londres. Penguin, 2002. p. 316.

I. ( ) Os três textos representam o mesmo gênero textual.

II. ( ) Os três textos são exemplos da mesma tipologia textual.

III. ( ) Os três textos tratam do mesmo assunto, mas representam gêneros textuais diferentes.

b. Faça a correspondência entre as colunas, relacionando os textos reproduzidos acima com seus gêneros textuais.

Texto 1   ( ) *blog*

Texto 2   ( ) guia de turismo para o público adulto

Texto 3   ( ) texto para leitura destinado ao público infantil

c. Escolha um dos textos acima e responda às perguntas:

I. Quem é seu provável autor?

_____

II. Para quem foi escrito o texto?

_____

III. Que tom foi usado no texto: formal ou informal?

_____

IV. Identifique alguns elementos característicos do gênero que o texto representa.

_____

Sugestões adicionais

- Usando um texto de sua escolha (textos deste livro, *on-line* ou qualquer outro texto), responda às seguintes perguntas: Quem é o provável autor do texto? E seus leitores em potencial? Qual o objetivo do texto? Onde podemos encontrar textos como esse?

- Compare textos que representam o mesmo gênero textual (por exemplo, *blogs*, *e-mails*, artigos de jornal *on-line*) em suas versões em português e inglês. Reflita: há diferenças na organização e no tipo de linguagem usados nesses textos?

- Faça uma busca na Internet por combinações de gêneros textuais, por exemplo: *"poem letter"* ou *"advert fairy tale"*. Ao fazer sua busca, mantenha todos os elementos procurados entre aspas. Leia alguns dos exemplos encontrados e identifique elementos que caracterizam os gêneros componentes do texto lido.

17» APLICANDO CONHECIMENTO PRÉVIO (CONHECIMENTO DE MUNDO, DE INGLÊS, DE ORGANIZAÇÃO DE TEXTOS)

A situação

Você está combinando um encontro com uma amiga mas não sabe como chegar à casa dela. Você pede e sua amiga lhe envia instruções por *e-mail*. Ao ler o *e-mail* com as instruções, você tem a seu lado outro amigo que, ao ler a mensagem, diz: "Não entendi nada. Quer dizer, eu entendo o inglês, mas não entendo o que está sendo dito! Você entendeu?" Você fica com a pulga atrás da orelha, porque de fato você entendeu as instruções, e fica pensando: "Como é que eu posso entender a mensagem e meu amigo não? Será que estou usando alguma estratégia de leitura que ele não está?"

O texto

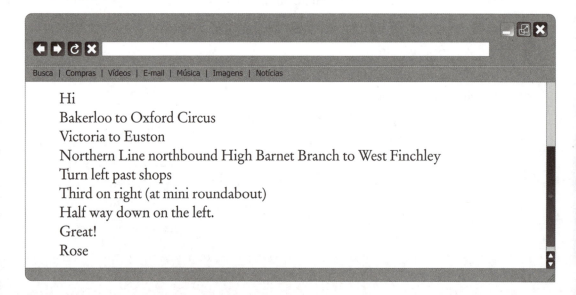

Hi
Bakerloo to Oxford Circus
Victoria to Euston
Northern Line northbound High Barnet Branch to West Finchley
Turn left past shops
Third on right (at mini roundabout)
Half way down on the left.
Great!
Rose

A estratégia

Ambos os leitores, ao lerem o *e-mail* acima, ativaram seu conhecimento de língua inglesa para construir um sentido para o texto. Isso é uma estratégia importante já que, afinal, o texto está escrito em inglês. No entanto, um dos leitores consegue entender seu conteúdo e o outro não, o que mostra que conhecimento de inglês apenas não é suficiente para o entendimento da mensagem acima.

Para construir um sentido para o texto acima, o leitor precisa saber que: (1) O texto é um *e-mail*, e que esse gênero textual é geralmente iniciado e terminado por um *greeting*, sendo que ao cumprimento final segue-se o nome de quem escreveu o texto; (2) O trajeto para a casa da pessoa que escreveu exigirá pegar o metrô em Londres, fazendo troca de linhas no meio do caminho; (3) Estações de metrô, bem como suas linhas, têm nomes diferentes; (4) Pode ocorrer que numa mesma estação de metrô passem trens que vão para locais diferentes e que é preciso prestar atenção ao *branch* do trem; (5) Ao saltar do metrô será preciso fazer uma caminhada até a casa da pessoa; (6) "Lojas" e "rotatórias" são pontos de referência na caminhada.

Para entendermos um texto, precisamos sempre acionar conhecimentos que já temos, e isso é feito de forma mais ou menos automática. No exemplo acima, um dos leitores pôde entender o conteúdo do *e-mail* porque acionou os conhecimentos necessários. O outro leitor, ou por não ter ou por não acionar esses conhecimentos, não conseguiu construir um sentido para o texto.

O processo descrito acima envolve conhecimento de mundo (*world knowledge*) de uma forma mais geral, bem como conhecimento da língua em que o texto é escrito e conhecimento de organização textual. No texto acima, exemplos de conhecimento de mundo são os nomes das linhas de metrô *Bakerloo*, *Victoria* e *Northern Line* e das estações de metrô *Oxford Circus*, *Euston* e *West Finchley* em Londres. Outro exemplo é o entendimento de *branch* no contexto de linhas de metrô londrinas, já que há linhas que se desmembram em duas ou mais ramificações (portanto, ao pegar o metrô nesses casos, o passageiro tem de se certificar de que está pegando a ramificação que o leva a seu destino). Exemplos de conhecimento de organização textual em inglês incluem o entendimento de que *hi* e *great* funcionam como cumprimentos de início e fim no *e-mail*, que *Rose* é a assinatura da autora do texto, que *e-mails* podem ser escritos de maneira informal, ignorando regras de pontuação convencionais e omitindo também partes do texto. Por exemplo, no *e-mail* acima são omitidos trechos como os que aparecem entre colchetes a seguir:

Hi [To get to my house take the] Bakerloo [Line up] to Oxford Circus [then get off the train and go to] Victoria [Line. At that line take another train] to Euston [then get off the train. Change lines. Go to] Northern Line northbound [not southbound, and take the train] to High Barnet Branch [be careful not to get another branch] to West Finchley [where you have to get off the train and leave the station on foot]. Turn left past shops [and keep walking then take the] third [road] on [the] right (at mini roundabout). [My house is] Half way down [the street] on the left. [It's] Great! [that you're coming over; I'm finishing this e-mail now] Rose

A importância da ativação de conhecimento prévio numa leitura é fundamentada pela teoria dos esquemas (*schema theory*, em inglês). De acordo com essa teoria, esquemas de conhecimentos são a rede de conhecimentos que temos sobre o mundo (incluindo conhecimentos sobre línguas e sobre organizações de textos). Esses esquemas constituem a rede de informações e conhecimento que vamos acumulando ao longo de nossas vidas, e toda vez que nos deparamos com uma nova situação ativamos os esquemas de conhecimento (*schemata*) necessários para construir um sentido para aquela situação. Ao ativar *schemata*, podemos entender uma situação com base em outras semelhantes já vividas, e não temos que começar todo entendimento "do zero", como faz uma criança ao descobrir o mundo.

No contexto de uma leitura, então, nós devemos ativar nossos esquemas de conhecimentos a fim de construir um sentido para aquela situação com base nesses esquemas. No exemplo acima vimos a quantidade de esquemas que precisamos acionar para entender o e-mail: esquemas sobre rede de transportes em Londres, sobre funcionamentos em metrôs, sobre trânsito em cidades, sobre organização e conteúdo de *e-mails*, sobre inferências baseadas não apenas no que é dito mas também no que é omitido. Uma forma de apreciar o impacto desses conhecimentos no entendimento da mensagem seria imaginar uma situação em que um extraterrestre se deparasse com tal *e-mail*. Mesmo que ele tivesse bom entendimento do "código" da língua inglesa, ele não conseguiria entender o que estava sendo informado na mensagem!

Uma forma de praticar esta estratégia ao ler em inglês consiste em "quebrar" a ativação de conhecimento prévio em três categorias: *text to self; text to world; text to text*. Por exemplo, antes da leitura de um folheto de um parque temático, poderíamos nos perguntar (e mesmo registrar por escrito):

a. *Text to self*: Como eu me sinto em parques temáticos? Quais tipos de atrações são mais interessantes para mim? Quais as que não me despertam muito interesse?

b. *Text to world*: O que sei sobre parques temáticos? Como eles costumam ser organizados? O que se precisa fazer para visitar um parque temático?

c. *Text to text*: Como são os folhetos que já li sobre parques temáticos? Como eles são organizados? Que tipo de informação costumam conter? Que vocabulário costuma aparecer nesses folhetos?

Por um lado, a resposta a essas perguntas permitiria ao leitor estabelecer importantes conexões com a leitura antes de ler um texto, e essas conexões, por sua vez, estabeleceriam uma espécie de base sobre a qual o conteúdo do texto faria sentido. Por outro lado, o bom senso nos indica que é inviável fazer tantas perguntas antes de ler um texto. De qualquer forma, fazer pelo menos algumas perguntas pode auxiliar o leitor a perceber quais tipos de conhecimentos estão incluídos durante o processo de leitura, e esta percepção, por sua vez, pode levar o leitor a identificar e elaborar questionamentos necessários em futuras leituras.

Outras formas de praticar a ativação de conhecimento prévio são atividades de *brainstorming*. As ideias geradas no *brainstorming* podem ser registradas em conjunto (se a leitura for feita em sala de aula ou numa sala de reuniões) e o registro pode ser feito através de listas, quadros sinóticos, ou mapas mentais.

A ativação de conhecimento prévio não está apenas associada a atividades anteriores à leitura propriamente dita. Tal ativação deve ser também encaminhada durante e após a leitura, através da expansão ou retificação do conhecimento previamente ativado. O importante é sempre ter em mente que, quanto mais sabemos (sobre algo específico, sobre o mundo de forma mais geral), mais entendemos os textos que nos cercam.

> **Mapas mentais** (*mind maps*, em inglês) são recursos visuais que representam informações ao redor de uma ideia central, com a finalidade de visualizar, organizar, classificar e estabelecer relações entre os elementos que caracterizam ou compõem tal ideia, de modo a facilitar sua compreensão ou estudo.

Aplique a estratégia

1 > Leia o texto a seguir e complete a tabela, listando alguns conhecimentos necessários para entendimento do texto:

Certificate: 12
Release Date: 6 Dec
Director: David Slade

THE TWILIGHT SAGA: ECLIPSE

Bella (Kristen Stewart) once again finds herself surrounded by danger as Seattle is ravaged by a string of mysterious killings, and a malicious vampire continues her quest for revenge. In the midst of it all, she is forced to choose between her love for Edward (Robert Pattinson) and her friendship with Jacob (Taylor Lautner), knowing that her decision has the potential to ignite the ageless struggle between vampire and werewolf.

Venue, the Official Magazine for the O2, Issue 11, Dec 2010-Jan 2011.

CONHECIMENTO DE MUNDO	CONHECIMENTO DE ORGANIZAÇÃO TEXTUAL

2 > a. Você vai ler um pequeno texto que descreve as regras de um jogo. Observe o texto rapidamente, apenas para breve familizariação. Em seguida, estabeleça algumas conexões através da ativação de conhecimento e experiências prévias, nas seguintes áreas:

Text to Self	
Text to Text	
Text to World	

Music Match

Play this game with at least seven friends. Before you play, think of songs that everyone knows. Write down each song title on two separate slips of paper. Pass out the slips of paper, but don't let your friends see one another's titles. Then tell each friend to walk around humming her song and listening for the other girl who is humming it. The pair of girls who find each other first are the winners.

American Girl Library. *Games and giggles just for girls.* Middleton, Wisconsin: Pleasant Company Publications, 1995. p. 27.

b. Leia o texto com calma e reflita: até que ponto a aplicação da estratégia facilitou a sua leitura?

_____

Sugestões adicionais

- Para praticar a aplicação de conhecimento prévio, selecione um texto que queira ler. Antes de ler, liste: o que você sabe (1) sobre o assunto; (2) sobre o vocabulário que provavelmente será usado; (3) sobre o tipo de texto a ser lido. Leia o texto e depois pense: de que forma a aplicação de seu conhecimento prévio facilitou a leitura?
- Para outras ideias de como registrar visualmente o conhecimento prévio que temos sobre um assunto, veja <http://www.ncrel.org/sdrs/areas/issues/students/learning/lr1grorg.htm>. O *site* <http://en.wikipedia.org/wiki/Mind_map> esclarece como construir mapas mentais, e dá alguns exemplos também.
- Se você dá aulas de inglês ou se você quer ter mais ideias de como praticar a ativação de conhecimento prévio, visite o *site* <http://rusd.marin.k12.ca.us/belaire/BALearningCenter/carewwebpage/reading_handbook/prior_knowl.htm>.

18>> FORMULANDO PERGUNTAS SOBRE UM TEXTO ANTES DA LEITURA

A situação

Numa aula de inglês, seu professor esclarece que será lido um texto sobre o *Museum of London* e que, antes da leitura, cada aluno deve escrever três perguntas cujas respostas gostariam de achar no texto. A sua reação diante de tal pedido é negativa. Você pensa, "qual o benefício de tais perguntas antes da leitura? Por acaso espera-se que a gente adivinhe o que há no texto?" Mas você escreve as perguntas mesmo assim. Sua lista inclui:

(1) Where's the Museum of London?
(2) What's the most important thing to see in the museum?
(3) How much does it cost to visit the museum?

O texto

Museum of London

Museum of London operates two museums – one in the City just by St Paul's Cathedral and another in Docklands, near the modern district of Canary Wharf. Together they offer a detailed record of London's history that cannot be found anywhere else in the city.

Choose to visit both museums and you can explore prehistoric London, when lions and bears roamed Trafalgar Square, encounter Roman sculptures from an ancient temple or gaze upon beautiful jewellery from a time when London was racked by famine, fire and disease. Or you can uncover stories about the city's involvement with the slave trade or learn how post-World War II Docklands was transformed into the famous skyscrapers of Canary Wharf.

Folheto *Museum of London*, 2010.

A estratégia

Você fez três perguntas sobre o texto antes da leitura. Ao ler o texto, você foi procurando encontrar as respostas às perguntas previamente listadas: a pergunta (1) foi respondida através da leitura, a pergunta (2) pôde ser indiretamente respondida, mas a resposta à pergunta (3) não foi encontrada no texto. Você deve ter percebido que, do ponto de vista de engajamento com a leitura, o fato de você não ter obtido resposta a todas as suas perguntas não fez diferença. Deve ter observado, paralelamente, que as perguntas ajudaram-no a estabelecer uma conexão com o texto antes e durante a leitura (como acontece com a estratégia *scanning*, por exemplo).

De fato, a formulação de perguntas antes da leitura de um texto está relacionada com *scanning*. Ao *scan* um texto, procuramos informações específicas e encontrá-las pode requerer a elaboração de perguntas previamente, como tratamos nesta seção. Nesses casos, nossa leitura tem como objetivo encontrar as respostas a nossas perguntas, e não precisamos nos preocupar com partes do texto que não respondem às nossas perguntas. No entanto, muitas vezes fazemos *scanning* procurando respostas a perguntas elaboradas por outras pessoas – como, por exemplo, quando fazemos leituras em livros didáticos ou testes com perguntas sobre um texto. Obviamente, tentar responder a perguntas feitas pelo próprio leitor faz com que a leitura seja mais significativa para esse leitor.

Você pode praticar essa estratégia com textos de sua escolha, listando, antes da leitura, o que você sabe sobre o assunto do texto e o que gostaria de saber através da leitura. Após a leitura, você verifica o que listou previamente e faz uma última lista, contendo o que aprendeu com a leitura. Estes procedimentos são normalmente encaminhados em aulas de inglês através do uso de tabelas com colunas intituladas KWL (*What I know, What I want to know, What I learnt*, respectivamente). Esses três passos envolvem outras estratégias ao mesmo tempo: ativação de conhecimento prévio, criação de expectativa com a leitura e avaliação.

Algumas vezes usa-se uma ampliação desses procedimentos, com a adição de um quarto passo chamado H (*How*), que procura estabelecer um plano de ação mais específico sobre como a informação procurada pode ser encontrada: através, por exemplo, de atenção ao título, às imagens, às *topic sentences*, entre outros. A tabela que pode ser usada para o processo completo é, desta forma, assim:

K	W	H	L

É importante notar que os procedimentos acima focalizam informações factuais contidas no texto, mas sabemos que qualquer leitura envolve questões que vão além do conteúdo do texto propriamente dito. Podemos formular algumas perguntas sobre aspectos extratextuais, por exemplo: Quem é o provável autor do texto? Por que e para quem foi escrito o texto? Quais reações a leitura do texto pode causar? Há contradições ou ideias de que você discordaria ou não?

Não se esqueça: formular perguntas sobre um texto antes de sua leitura auxilia o leitor a estabelecer uma "conexão" com o texto, o que por sua vez tende a ser um facilitador da leitura. Conexões prévias com a leitura são características não apenas desta estratégia mas também de outras previamente discutidas neste livro como a previsão de assunto e conteúdo de um texto, ou a previsão de respostas a perguntas sobre um texto antes de sua leitura.

Aplique a estratégia

1 > a. Você vai ler um texto que contém informações sobre aulas de meditação num centro budista. Antes de ler, liste três perguntas cujas respostas você gostaria de encontrar no texto.

I. _____

II. _____

III. _____

> Buddhist Meditation Classes – Suitable for All
>
> Courses Autumn/Winter 2010
>
> A Generous Heart
>
> September 7th – October 19th
>
> A truly generous heart brings happiness, harmony and fulfilment; yet often we feel unable to give, or afraid to. Learn how to gradually open your heart and appreciate the joy that this brings.

Folheto *Meditation classes*, Shantideva Kadampa Buddhist Centre, Reading, Reino Unido, 2010.

b. Retorne às suas perguntas iniciais e reponda-as se possível.

I. _____

II. _____

III. _____

c. Faça uma pausa de alguns minutos, depois tente se lembrar do conteúdo do texto. Observe se foi mais fácil se lembrar das respostas às suas perguntas do que de outras informações contidas no texto.

2 > a. Você vai ler um texto sobre indícios de usos de drogas em adolescentes. Antes de ler, preencha as colunas K (*what you know about the topic*) e W (*what you want to know about the topic*) na tabela a seguir.

K	W	L

Signs of drug use

Moody, not bothered about personal hygiene, not interested in anything, staying out late, falling out with old friends and in with a new crowd. Are they just being a teenager? Or are they using drugs?

There often aren't any clear signs, but things to look out for include:

- loss of appetite, drowsiness, poor hygiene or appearance
- mood swings
- red-rimmed eyes and/or a runny nose
- uncharacteristic loss of interest in school, hobbies and friends
- money going missing regularly for no apparent reason
- unusual equipment found around the house, such as burnt oil, torn cigarette packets, empty aerosols, home-made pipes or syringes.

Folheto *All about drugs: Does your child know more than you?*, Crown, 2006.

b. Verifique se o texto confirma o que você listou na coluna K, e se responde ao que listou na coluna W.

c. Preencha a coluna L, listando o que você aprendeu após a leitura do texto.

d. Pense: até que ponto o que você listou em L expandiu/refinou o que você listou em K?

Sugestões adicionais

- Pense num tópico que deseje investigar, liste algumas perguntas que você gostaria de responder sobre o tópico e em seguida faça uma busca no *site* <http://www.factmonster.com/> sobre esse assunto. Verifique então se suas perguntas podem ser respondidas através da leitura do texto. Para verificar a acuidade de sua pesquisa você pode consultar outros *sites* tais como <http://en.wikipedia.org/wiki/Main_Page> e <http://www.encyclopedia.com/>.
- Use o procedimento K-W-L para ler um artigo num jornal *on-line*. Escreva o que você sabe (*Know*) sobre o assunto do artigo e liste o que você quer saber (*Want to know*) mais. Leia o texto, identifique as perguntas cujas respostas foram respondidas através da leitura do texto e escreva o que voce aprendeu (*Learnt*) sobre o assunto.
- Nesta seção apresentamos e discutimos a formulação de perguntas antes da leitura de um texto. Para ler sobre a formulação de perguntas durante e após a leitura de um texto, leia <http://www.learner.org/jnorth/tm/ReadStrat3.html>.

19>> IDENTIFICANDO O QUE É (E O QUE NÃO É) DITO EM UM TEXTO

A situação

Você acaba de ler um texto que contém informações gerais sobre contas bancárias básicas. O texto faz parte de um conjunto de cartilhas sobre aspectos que envolvem o uso cotidiano do dinheiro, e você achou o texto claro e objetivo. Acaba de fechar a cartilha e conversa sobre as informações com um amigo que também leu o texto. Você diz: "Este tipo de conta parece-me interessante; afinal o correntista recebe o extrato todo mês pelo correio e pode ter acesso a um miniextrato em caixas eletrônicos também". Seu amigo retruca, com ar hesitante: "Será? Acho que não foi bem isso que entendi do texto". Você insiste que está certo, mas seu amigo sugere: "Vamos reler o texto para verificar o que está escrito exatamente?"

O texto

1   Question: How do I keep track of my money with a basic bank account?
2   Answer: You will get a statement in the post, usually once every three months, showing
3 what money has been paid in and what has gone out.

4   With most basic bank accounts you can check how much money you have and get a mini
5 statement from a cash machine showing the most recent transactions.

6   Most accounts will also let you check your balance at a Post Office®. And with some you can
7 check your balance online.

Folheto *No selling. No jargon. Just the facts about basic bank accounts*, Financial Services Authority, Reino Unido, 2008.

A estratégia

Seu amigo tem razão sob dois aspectos. Primeiro, na sugestão de voltar ao texto para verificação do ponto que causa dúvida. É comum não termos lembrança de certas informações contidas em textos previamente lidos, e é somente retornando ao texto original que podemos tirar essas dúvidas. E seu amigo tem também razão ao apontar que a sua opinião sobre o acesso a extratos é equivocada. O texto diz que *You will get a statement in the*

*post, **usually once** every three months* (linha 2, ênfase aqui adicionada). Portanto, *once* faz parte da locução *once every three months* e, além disso, esta frequência ocorre *usually* e não sempre. E mais: com base no trecho *With **most** basic bank accounts you can [...] get a mini statement from a cash machine showing the most recent transactions* (linhas 4 e 5, ênfase aqui adicionada), não se pode ter certeza de que haverá essa possibilidade com
- <u>todas</u> as contas básicas.

A sua má interpretação pode ter sido causada por dificuldade de compreensão do vocabulário, mas pode também ter sido gerada por desatenção às palavras destacadas acima (*usually, once* e *most*), que restringem as informações dadas. Em outras palavras, esses termos indicam que o que está sendo afirmado não pode ser generalizado e não se encaixa em todos os tipos de situações. Essas palavras (e outras como *often, sometimes, many*, entre outras) são importantes na identificação do que é (e do que não é) dito num texto; é importante também a percepção do uso de palavras em locuções: algo que acontece *every other day* não acontece *every day*; algo que é *one of the best* não é *the best*.

De qualquer forma, mesmo não havendo essas palavras que restringem o sentido de termos em locuções, é muito comum observarmos um leitor relatando o conteúdo de um texto previamente lido de forma equivocada – ou duas pessoas que leram um mesmo texto discordando de detalhes sobre o mesmo. É comum vermos leitores confundindo quem disse o quê, quando certos eventos aconteceram, as estatísticas associadas a certas informações do texto etc. Desconsiderando a possibilidade de uma leitura desatenta do texto, é importante notar que esse tipo de discordância ocorre não apenas no âmbito das interpretações e do que pode ser inferido (vamos tratar disso na próxima seção), mas também no âmbito da compreensão do que é explicitamente escrito no texto.

Para compreender um texto é importante saber identificar o que é e o que não é dito no texto lido. Relatar o conteúdo de um texto incorretamente não é boa prática e, se uma pessoa faz isso com frequência, é possível que suas informações não sejam levadas a sério, nem tidas como confiáveis por seus interlocutores. Mas como fazer para evitar que isso aconteça? É possível aprender a identificar o que é (e o que não é) dito num texto?

É possível, sim. Algumas formas de se desenvolver a habilidade de aplicação desta estratégia são as seguintes:
- Durante a leitura, procure por informações previamente selecionadas (através de *scanning*) e identifique o local no texto em que tal informação é dada.

- Ao ler o texto, preste atenção no uso de termos que restringem (como *most*, *some*, *usually*, *often*), no uso de negativas, nos números e estatísticas mencionados. Após ler, tente escrever algumas informações encontradas em torno desses elementos, depois confira suas anotações com nova leitura do texto.
- Leia pequenos textos e, depois da leitura, escreva pequenos resumos sobre eles. Depois verifique no texto original o que foi escrito.
- Se você dá aulas de inglês, peça a seus alunos que preparem exercícios com alternativas *true* ou *false* sobre um texto lido, e que troquem seus exercícios com outros alunos. Para tornar a atividade mais desafiadora, você pode pedir aos alunos que justifiquem suas respostas.

Na dúvida, sempre volte ao texto, especialmente se outra pessoa que leu o mesmo texto tem lembranças diferentes sobre o seu conteúdo. Reler um texto já lido é uma estratégia importante, que pode apoiar esta e outras estratégias apresentadas neste livro.

Aplique a estratégia

1 > a. Você vai ler um texto sobre saúde e meio ambiente. Leia o texto e marque as afirmativas a seguir com (S) *stated* ou (NS) *not stated*.

DID YOU KNOW?

☒ You breathe in more traffic fumes when sat in a car in queueing traffic than you would if you walked or cycled down the same street.

☒ Under-inflated tyres can increase your fuel bills and cause more pollution.

☒ Road Traffic adds to climate change because of emissions of greenhouse gases.

☒ Thirty minutes of brisk exercise a day, including walking and cycling reduces your changes of developing heart disease, high blood pressure and obesity.

☒ Within the UK today food you buy travels around 123 km – up from 82km in 1978, increasing carbon emissions.

[...]

Reading Post, 13 fev. 2008. p. 28.

I. (   ) Pneus vazios sempre aumentam o consumo de combustível.

II. (   ) Gases de efeito estufa são uma consequência do tráfego nas estradas.

III. (   ) Ao parar no trânsito dentro de um carro respira-se fumaça negra.

IV. (   ) Na década de 90 do século XX os alimentos percorriam uma distância maior para chegar aos pontos de consumo do que percorrem hoje.

V. (   ) Há indicações não comprovadas de que a prática de exercícios físicos esteja associada com a redução de problemas no coração, pressão alta e obesidade.

b. Para cada afirmativa em que você marcou (S), sublinhe no texto a parte em que tal informação é dada.

c. Para cada afirmativa em que você marcou (NS), circule no texto as partes que poderiam potencialmente causar dúvidas quanto à informação.

2 > Leia o texto e para cada uma das afirmativas sobre ele marque T (*true*), F (*false*) ou NS (*not stated*).

Bear Facts

All black bears in the park are black in color, but in other parts of the country they may be brown or cinnamon. Black bears may be six feet in length and up to three feet high at the shoulder. Females are generally smaller and weigh less than males. Bears weigh eight ounces at birth and can weigh over 400 pounds as an adult. Bears can live 12-15 years or more, except "panhandler" bears which have a life expectancy of about half that time.

Folheto *Black Bears*, Great Smoky Mountains National Park, National Park Service, EUA.

I.   (   ) Todos os *black bears* são pretos.
II. (   ) Os *black bears* que vivem mais de 10 anos moram numa área localizada dos Estados Unidos.
III. (   ) Existe um tipo de urso cuja expectativa de vida é metade da dos outros ursos.
IV. (   ) Os ursos fêmeas são sempre menores que os machos.
V.   (   ) Ao nascer, os ursos fêmeas sempre pesam menos que os machos.

Sugestões adicionais

- Para desenvolver esta habilidade, selecione um texto de seu interesse (impresso ou *on-line*). Em seguida, liste 3 fatos mencionados no texto e outros 3 que não são mencionados. Depois, leia o texto com mais cuidado, a fim de verificar a presença ou não dos itens relacionados na sua lista.
- Outra forma de praticar a estratégia é ler alguns textos observando o uso de palavras que restringem (tais como *often, frequently, sometimes, may, can, some, only*) ou negam (*not* e derivados) no contexto. Sublinhe as frases onde esses termos ocorrem e reflita: Qual sentido tais palavras atribuem ao texto? Qual sentido haveria se não houvesse tais palavras? Artigos de jornais são apropriados para este tipo de atividade. O *site* <http://www.world-newspapers.com/youth.html> contém uma lista de jornais destinados ao público jovem.
- Se você dá aulas de inglês, pratique a identificação de fatos e eventos relatados em textos lidos pelos seus alunos através de exercícios de *Match the columns:* de um lado, números e estatísticas; do outro, as informações a que esses números e estatísticas se referem. Os próprios alunos podem, em grupos, preparar esses exercícios e trocar as atividades produzidas com outro grupo.

20>> IDENTIFICANDO O QUE PODE SER INFERIDO EM UM TEXTO

A situação

Atraído por um pequeno texto informativo sobre um evento a ser realizado em *The British Museum*, você se inscreveu numa oficina intitulada *Papyrus and writing the Book of the Dead*. Ao final do evento, você se sentiu decepcionado porque esperava ter a oportunidade de fazer papiro com as próprias mãos. "O que será que aconteceu", você pondera, "falhou a minha leitura ou o texto anunciou algo que não ocorreu na prática?"

O texto

1   Papyrus and writing the Book of the Dead
2   Saturday 4 December,
3   11:00-17:00
4   Learn how papyrus was prepared for Egyptian scribes and how to write like the ancient
5 Egyptians with calligraphic historian and practitioner Paul Antonio.
6   £30, Members & concessions £25, 30 places

Folheto *What's on: November – December 2010*, The British Museum, Reino Unido, 2010.

A estratégia

Uma leitura cuidadosa do texto irá esclarecer que, em nenhum momento, o resumo da oficina indica que os participantes farão papiro com as próprias mãos. O que é dito no texto é que os participantes irão *learn how papyrus was prepared for Egyptian scribes* (linha 4). O texto não deixa claro como esse *learning* iria acontecer na oficina. Ao inferir que a aprendizagem seria *hands-on*, o leitor tirou conclusões que não são respaldadas por elementos do texto. Outras conclusões também sem respaldo seriam, por exemplo, pensar que a aprendizagem seria através de *slides*, ou através de palestra, ou através de uma visita guiada ao museu, entre outras. Todas essas interpretações seriam em princípio possíveis sob um ponto de vista conceitual (afinal, uma aprendizagem pode ocorrer de todas essas formas), mas elas não se respaldam no texto; portanto, elas envolvem inferências não fundamentadas por elementos do texto, mas provavelmente fundamentadas na experiência do leitor sobre o assunto focalizado.

Esta é a dificuldade com inferências. Como leitores, fazemos inferências o tempo todo, isto é, lemos "nas entrelinhas", tirando conclusões sobre o texto que não necessariamente estão escritas no texto lido. Na leitura em inglês, inferências são fundamentadas em conhecimento de mundo, de organização textual e da língua inglesa por parte do leitor. Como vimos na discussão da estratégia "Aplicando conhecimento prévio", é mesmo importante que um leitor faça inferências; de outra forma, cada vez que escrevêssemos um texto sobre um assunto precisaríamos fornecer detalhes intermináveis. Neste parágrafo, por exemplo, precisaríamos explicar o significado de todas as palavras usadas, e cada explicação levaria à necessidade de mais explicações. Em outras palavras, se leitores não fossem aptos a fazer inferências ao ler, o trecho "palavras usadas" na frase anterior teria de ser ampliado mais ou menos assim:

> "...palavras usadas. Palavras são elementos que remetem a sons e significados; remeter significa [...]; sons é o plural de som, que significa [...]; plural significa [....]; significado significa [...]"

Os trechos entre colchetes, por sua vez, levariam à necessidade de novos esclarecimentos, e tal processo seria praticamente infinito. O uso de inferências evita essa necessidade, pois, ao lermos um texto, é importante que tenhamos um entendimento mínimo dos termos nele usados, e esse conhecimento nos permitirá inferir informações que não aparecem de forma explícita no texto.

Mas a grande questão é: como podemos garantir que nossas inferências sejam fundamentadas? Para fazer inferências fundamentadas você tem de se apoiar em conhecimentos prévios e em elementos do texto também. No texto acima, exemplos de inferências possíveis e suas justificativas são:

Inferências possíveis	Justificativas	
	Conhecimento de mundo	Elementos do texto
Haverá um professor e/ou facilitador na oficina	Oficinas têm um professor/facilitador	*...with calligraphic historian and practitioner Paul Antonio.* (linha 5)
Participantes terão de pagar uma taxa	Oficinas às vezes são pagas	*£30, Members & concessions £25* (linha 6)
Há número limitado de vagas	Neste tipo de evento, às vezes há número limitado de vagas	*30 places* (linha 6)

Inferências possíveis	Justificativas	
	Conhecimento de mundo	Elementos do texto
Haverá prática de escrita de hieróglifos	O sistema de escrita no Antigo Egito usava hieróglifos	*Learn [...] how to write like the ancient Egyptians* (linhas 4-5)

Em todos os exemplos anteriores as inferências envolvem uma espécie de "adivinhação fundamentada": adivinhação, porque as informações inferidas não estão explicitamente presentes no texto; fundamentada, porque o leitor tem de se apoiar em elementos do texto em combinação com conhecimento prévio para chegar às inferências. Estas podem parecer óbvias, mas não são: uma pessoa que não tem conhecimento de mundo sobre o funcionamento de oficinas poderia pensar, por exemplo, que ela receberia (e não pagaria!) 30 libras para participar da oficina!

Fazer inferências tem similaridades com o trabalho de um detetive: combinando "pistas" do texto com experiências prévias, chega-se a certas conclusões. É importante, em caso de dúvida, procurar outras pistas no texto que possam confirmar nossas inferências. É importante, também, saber distinguir uma inferência de uma informação contida no texto, quando lemos um texto. A fronteira entre "fato" e "inferência" não é sempre automática, mas um bom leitor saberá fazer essa distinção.

Aplique a estratégia

1 > Leia o parágrafo e assinale as ideias que podem ser inferidas a partir da leitura do texto.

Your number's up

A woman who thought her dream had come true – that she had won $250,000 in the Mega Millions lottery – is suing a television station for reading out the wrong numbers. Rakel Daniele, of Fort Lee, New Jersey, claims she relied on the "false and incorrect" results that WABC broadcast in June 2009 and is seeking $75,000 in damages.

The Sunday Times, News Review, 6 mar. 2011. p. 11.

a. (   ) Antes do episódio descrito, Rakel Daniele tinha o hábito de jogar na loteria toda semana.

b. (   ) O locutor da TV que anunciou o resultado da loteria deu as informações erradas propositalmente.

c. ( ) Rakel Daniele teve acesso ao resultado incorreto da loteria através das informações dadas num programa de TV.
d. ( ) No texto, "a woman" refere-se a "Rakel Daniele".
e. ( ) As palavras "false and incorrect" foram usadas pelo advogado de Rakel Daniele.

2 > Leia o texto e indique se as frases contêm informações contidas no texto (T) ou se são inferências (I).

Essential fats

Of all the fats we consume, two are essential. They are omega-6 fats and omega-3 fats. Both of these vitally important fats are involved in controlling blood pressure, cholesterol levels, blood clotting, heart rhythms and inflammation.

High level of Omega 6 can reduce the benefits of Omega 3 fats. In our modern diets Omega 6 is much more readily available as it is contained in vegetable oils, most wholegrains and beans. This means it is also in any foods that are prepared using vegetable oils such as convenience of 'fast' foods. The best source of Omega 3 is from oily fish, with some seeds and nuts being other sources (pumpkin, flax, walnut) which are not as common in the modern eating pattern.

Folheto *Healthy Heart*, Nuffield Health, 2010.

a. ( ) Nós consumimos vários tipos de gordura na nossa alimentação.
b. ( ) Gordura omega-6 e omega-3 são essenciais para a nossa saúde.
c. ( ) Gordura omega-6 tem características diferentes de gordura omega-3.
d. ( ) Gordura omega-6 e omega-3 ajudam a controlar o nível do nosso colesterol, mas outras gorduras não fazem isso.
e. ( ) Algumas sementes contêm Omega 3.
f. ( ) Numa dieta típica, precisa-se aumentar o consumo de Omega 3.

Sugestões adicionais

- Para mais informações sobre inferências na aula de inglês, veja o *site* <http://www.kimskorner4teachertalk.com/readingliterature/readingstrategies/inferences.htm>.
- Para saber mais sobre questões teóricas e práticas envolvendo inferências e seu ensino, leia <http://www.education.gov.uk/publications//eOrderingDownload/DCSF-RR031.pdf>.
- Se você dá aulas de inglês, peça a seus alunos que trabalhem em pares. Cada um lê um texto diferente do outro e, em seguida, prepara um exercício sobre o texto lido, listando fatos que podem e não podem ser inferidos através da leitura (as respostas devem ser listadas no verso da página). Em seguida, os alunos trocam seus textos e cada um lê o texto inicialmente lido pelo colega e faz o exercício. Depois, os pares discutem as respostas dadas.
- Para mais exercícios envolvendo inferências, veja os *sites*: <http://www.education.com/study-help/article/making-inferences_answer/>; <http://www.rhlschool.com/read6n3.htm>; <http://testprep.about.com/od/readingtesttips/a/1_Inference_Questions.htm>

21» USANDO CONHECIMENTO DE MUNDO PARA COMPREENSÃO DE VOCABULÁRIO NOVO

A situação

Você tem à sua frente o início de um artigo de jornal em inglês sobre as eleições presidenciais no Brasil. A leitura da manchete do texto não oferece muitos problemas devido à presença de palavras transparentes (*elected, president*) e do nome "Roussef", compreendido através da ativação do conhecimento de mundo. No entanto, a leitura dos parágrafos iniciais do artigo traz alguns desafios: o vocabulário usado é sofisticado e as frases são longas e aparentemente de difícil compreensão. Você se pergunta se há alguma estratégia que possa ser usada no apoio da leitura do texto.

O texto

Rousseff is elected as Brazil's next president

1 SAO PAULO (AP) — A former Marxist guerrilla who was tortured and imprisoned
2 during Brazil's long dictatorship was elected Sunday as the first female president of Latin
3 America's biggest nation, a country in the midst of a rapid economic and political rise.
4 A statement from the Supreme Electoral Court, which oversees elections, said
5 governing party candidate Dilma Rousseff won the election.
6 With nearly all ballots counted, Rousseff had 56% of the vote compared to just
7 under 44% for her centrist rival, Jose Serra, the electoral court said.
8 [...]

Disponível em: <http://www.usatoday.com/news/world/2010-10-31-brazil-elections_N.htm>. Acesso em: 9 nov. 2010.

A estratégia

Por se tratar de um texto que envolve eventos e fatos sobre os quais você provavelmente tem conhecimento, você pode fazer uma série de inferências sobre o significado do vocabulário desconhecido, com base no seu conhecimento de mundo sobre tais fatos e eventos. Por exemplo, antes de ler o texto você pode não saber como se diz "ditadura", "tribunal eleitoral", "partido (político)" ou "urnas" em inglês, mas ao ler o texto você será provavelmente capaz de concluir que *dictatorship*, *electoral court*, *party* e *ballots* correspondem, respectivamente, ao vocabulário acima relacionado. Essas conclusões podem ser tiradas pelo uso de tais palavras no contexto do artigo.

O entendimento do vocabulário acima listado pode ajudar o leitor, numa posterior leitura mais detalhada do texto, a inferir o significado de grupos de palavras (por exemplo, *during Brazil's long dictatorship*, *the electoral court said*) e a restringir os possíveis significados de palavras desconhecidas. Por exemplo, caso *statement* (linha 4) seja uma palavra desconhecida, o entendimento de *Supreme Electoral Court* a partir do uso da estratégia aqui discutida pode levar o leitor a concluir, acertadamente, que *statement* deve ser algo relacionado a "declaração", "depoimento", "afirmação".

O uso de conhecimento de mundo para compreensão de vocabulário novo é especialmente útil na leitura de textos sobre os quais você tem conhecimento geral e/ou específico. Se você acompanha os campeonatos de futebol no mundo, certamente terá mais facilidade de ler um artigo em inglês sobre um jogo ocorrido no fim de semana do que um leitor que não sabe muito sobre futebol. Se você gosta de economia e negócios, certamente, ao ler um texto em inglês, vai ser capaz de ativar conhecimentos sobre *bonds, shares, hedge funds, exchange rate* e *interest rates*, enquanto pessoas que não têm tais conhecimentos não serão capazes de acionar. Ao ler esses textos, então, você deve ativar o conhecimento que tem para compreender palavras que não conhece. E não se desespere ao se deparar com uma ou outra palavra que não conhece! Procure apoiar-se no vocabulário que conhece e no que consegue inferir através do seu conhecimento, para entender o texto de uma forma mais geral.

Aplique a estratégia

1 > a. Leia o texto abaixo e nele identifique o vocabulário em inglês que corresponde ao seguinte em português:

Carnival – Brazil

The week before Lent is the traditional time for carnival in many Roman Catholic countries. The carnival held in Rio de Janeiro, Brazil, is world famous. People parade through the streets in glittering costumes, doing a dance called the samba.

Steele, Philip. *The world of festivals.* Abingdon: Andromeda Oxford, 1996. p. 7.

fantasias _____

desfilam _____

Quaresma _____

b. Faça a correspondência entre as colunas.

I. before Lent ( ) desfilam nas ruas
II. parade through the streets ( ) em fantasias brilhantes
III. in glittering costumes ( ) antes da Quaresma

c. Leia o texto novamente e marque a alternativa falsa a seu respeito.

I. (   ) O Carnaval carioca é famoso em todo o mundo.
II. (   ) O Carnaval é uma tradição em muitos países católicos.
III. (   ) O Carnaval só acontece antes da Quaresma no Brasil. • .
IV. (   ) Ao desfilar, as pessoas vestem fantasias reluzentes.

2 > a. Vá ao *site* do *New York Times* (http://www.nytimes.com/) e selecione, na barra do menu à esquerda, um assunto sobre o qual você tem conhecimento prévio (*world, U.S., politics, science, sports* etc.). Leia então um artigo sobre o assunto selecionado.

b. Após a leitura, complete o quadro abaixo: na primeira coluna, liste palavras encontradas no texto sobre o assunto cujo significado você conhece; na segunda coluna, liste palavras do texto que você não compreende. Na terceira coluna, escreva o que você acha que tais palavras significam, com base no seu conhecimento prévio. Use a quarta coluna para escrever comentários adicionais (por exemplo, indique se a estratégia ajudou, se as palavras desconhecidas também estão relacionadas ao tópico de um modo geral, ou registre o significado das palavras após consultar um dicionário).

TOPIC CHOSEN:			
Words from the text (related to the topic) that I understand	Words from the text I don't understand	What I think those words mean	Extra comments

Sugestões adicionais

- Para praticar esta estratégia, leia textos sobre o Brasil em jornais *on-line* (veja lista de jornais na seção *Fontes de referência*, p. 203). Nesses *sites* você pode achar textos apropriados para a prática desta estratégia fazendo uma busca por *Brazil* (ou *carnival in Brazil*, ou *tourism in Brazil*, entre outros).
- A sugestão acima tem como premissa o fato de que o leitor deste livro possui conhecimento de mundo sobre o Brasil. Portanto, a mesma sugestão pode ser adaptada para leitura, em jornais *on-line*, de outros assuntos sobre os quais você tenha *world knowledge* (por exemplo, música, cinema, economia, história, entre outros).
- Visite *sites* oficiais do governo brasileiro (em inglês) e use seu conhecimento de mundo para compreensão do texto. Um exemplo é o *site* da Embratur: <http://www.embratur.gov.br/site/en/home/index.php>.

22›› USANDO UMA LEITURA PARA REVISÃO OU APRENDIZAGEM DE VOCABULÁRIO

A situação

Você comprou uma nova geladeira e está lendo o manual de instruções que acompanha o eletrodoméstico. O texto contém informações em diversas línguas, incluindo o inglês e o português. Você acha interessante comparar o conteúdo nas duas línguas, e se pergunta se tal comparação pode ter alguma utilidade na sua aprendizagem de vocabulário em inglês.

O texto

BEFORE USING THE APPLIANCE

1 • Your new appliance is designed
2 exclusively for domestic use.

3 To get the most out of your new
4 appliance, read the user handbook
5 carefully. It contains a description of the
6 appliance as well as useful tips.
7 Keep this handbook for future
8 consultation.
9 [...]

ANTES DE USAR O APARELHO

1 • O aparelho que adquiriu destina-se
2 apenas a uso doméstico.

3 Para obter melhores resultados do
4 seu aparelho, aconselhamos que leia
5 atentamente as instruções de utilização
6 onde poderá encontrar a descrição do seu
7 aparelho e conselhos úteis.
8 Guarde este manual para futuras
9 consultas.
[...]

Manual de instruções de refrigerador Whirlpool, 2007, p. 14 e 52, respectivamente.

A estratégia

Textos como os acima, que contêm versões em português e em inglês, são apropriados para apoiar a aplicação desta estratégia. Para tal, basta tentar estabelecer correspondências entre palavras ou grupos de palavras nas duas línguas, por exemplo, a expressão *to get the most of* (linha 3)/ "para obter melhores resultados" (linha 3); *appliance* (linha 4)/ "aparelho" (linha 4); *keep* (linha 7)/ "guarde" (linha 8).

Para usar uma leitura como apoio na aprendizagem ou revisão de vocabulário em inglês, não é necessário ler um texto que inclua traduções. Suponhamos, por exemplo, que você esteja querendo

114 / PARTE 2: RECURSOS

rever ou aprender novo vocabulário sobre saúde e medicamentos. A leitura de um texto sobre o assunto, todo em inglês, pode lhe propiciar essa prática da seguinte forma: você faz uma primeira leitura do texto focando sua atenção em palavras ou expressões que estejam relacionadas com o tópico, sublinhando-as. Como discutido em seções anteriores deste livro, a ativação de conhecimento prévio (de mundo, de línguas inglesa e portuguesa, de organização de textos) pode ajudá-lo a identificar termos que correspondem, por exemplo, a "doença", "tratamento", "receita médica", "efeitos colaterais", entre outros. Na dúvida, você pode consultar um dicionário. Após essa primeira interação com o texto, você pode fazer uma leitura mais detalhada para compreensão geral do texto. O exercício 1 abaixo ilustra o processo descrito neste parágrafo.

Lembre-se de que a aprendizagem de novo vocabulário pode ser ampliada por estratégias adicionais. Listamos algumas sugestões a seguir:

- Crie listas com o vocabulário aprendido. As listas podem ser organizadas em ordem alfabética, por tópicos (por exemplo, saúde, entretenimento, alimentação, economia), por classes gramaticais (verbos, substantivos etc.).
- Elabore cartões com novo vocabulário. De um lado, escreva a palavra em inglês; do outro, sua tradução em português. Use os cartões para rever o novo vocabulário sempre que possível: pegue alguns cartões, leia as palavras apresentadas em inglês e tente se lembrar de suas traduções em português (você também pode fazer o caminho inverso, do português para o inglês). Confira suas respostas no verso do cartão.
- Faça pequenas frases com vocabulário recém-aprendido, e escreva as frases em *post-its*, sublinhando a palavra "nova". Cada *post-it* deve conter uma ou duas palavras sublinhadas. Cole os papeizinhos num mural (ou mesmo na parede) de seu quarto ou escritório, e leia as frases sempre que possível. Quando você achar que já registrou o novo vocabulário, troque os *post-its* por outros contendo novas frases com novo vocabulário.

Aplique a estratégia

1 > a. Os textos a seguir tratam do assunto "saúde". O primeiro faz parte de um folheto sobre escolhas de tratamentos para problemas de saúde, dando informações gerais sobre medicamentos que podem ser comprados *over the counter*, isto é, sem receita médica. O segundo trata dos benefícios de parar de fumar. Leia os textos e liste na tabela o vocabulário relacionado ao tema "saúde": na coluna da esquerda, o vocabulário que você já conhecia e, na da direita, o vocabulário novo.

Texto 1
'Over the counter'

There are a growing number of safe, effective medicines that you can use to treat minor ailments without the need for a doctor's prescription. Conveniently, pharmacists and pharmacy assistants are on hand all day to offer you advice on how to choose the correct medicine for you. Remember, a course of conventional medicines, prescribed or non prescribed should always be completed if it is to be effective.

If you are unsure about any medicines you currently take – ask your pharmacist – that is what they are there for.

Folheto *Your health, your choice*, Numark, Reino Unido, p. 7.

Texto 2
Health benefits of quitting

TIME	BENEFICIAL HEALTH CHANGES THAT TAKE PLACE
20 minutes	Blood pressure and pulse rate should return to normal.
8 hours	Nicotine and carbon monoxide levels in blood should reduce by half. Oxygen levels will start to return to normal.
24 hours	Carbon monoxide should be eliminated from the body. Lungs start to clear out mucus and other smoking debris.
48 hours	There should be no nicotine from cigarettes left in the body. Ability to taste and smell is greatly improved.
72 hours	Breathing becomes easier. Bronchial tubes begin to relax and energy levels increase.
3-9 months	Coughs, wheezes and breathing problems improve as lung function is increased by up to 10%.
1 year	Risk of heart attack falls to about half that of a smoker.
15 years	Risk of heart attack falls to the same as someone who has never smoked.

Folheto *Helping you to quit smoking*, Nicotinell.

OLD VOCABULARY	NEW VOCABULARY

b. Use um dicionário para verificar o significado do vocabulário listado na coluna da direita.

2 > A seguir reproduzimos duas versões (uma em português, outra em inglês) de um mesmo texto. Leia as duas versões e liste o vocabulário que você aprendeu com a leitura dos dois textos.

Moeda

A unidade monetária do Brasil é o Real (R$) e o câmbio é publicado, diariamente, em jornais e *sites* especializados. Pode-se cambiar em bancos, agências de viagens e hotéis autorizados. Tanto "travellers checks" como moedas são facilmente trocados nesses locais. Cartões de crédito internacionais são aceitos na maioria dos hotéis, restaurantes, lojas, agências de viagens, locadoras de veículos e outras empresas que prestam serviços ao turista. A taxa de câmbio é flutuante.

Disponível em: <http://www.braziltour.com/dicaturista/dicasMoeda.html>. Acesso em: 13 ago. 2011.

Currency

The currency used in Brazil is called the Real (R$) and the foreign exchange rate is published daily in the newspapers and other specialized sites. Foreign currency may be exchanged at banks, travel agencies and authorized hotels. Travellers' cheques as well as currencies are easily exchanged at these locations. International credit cards are accepted at most hotels, restaurants, stores, travel agencies, car rental companies and other companies that render services to tourists.

Disponível em: <http://www.braziltour.com/dicaturista/dicasMoeda.html?locale=en>. Acesso em: 13 ago. 2011.

Sugestões adicionais

- Para praticar esta estratégia, leia alguns artigos sobre um assunto de seu interesse em diferentes jornais *on-line*. Ao ler, faça uma lista com o vocabulário novo referente ao assunto e registre a fonte do novo vocabulário (isto é, de onde você retirou as palavras e/ou expressões listadas). Depois de ler os artigos, volte à sua lista e tente se lembrar do significado do vocabulário listado. Se você não se lembrar de um significado fora do contexto (isto é, apenas usando a lista), volte à fonte do vocabulário e tente se lembrar do significado de tal vocabulário pelo contexto.

- A sugestão acima pode ser adaptada, incluindo-se a leitura de fontes diferentes, tais como Wikipedia ou outras enciclopedias *on-line*.

- Os *phrasal verbs* em inglês costumam causar dificuldades para brasileiros. Para aumentar seu vocabulário envolvendo *phrasal verbs*, escolha alguns deles (por exemplo, *put off/put down/put away/put up with*) e faça uma busca na Internet por esses termos. Leia alguns trechos em que eles aparecem, tente inferir seus significados e verifique suas hipóteses através da leitura de outros trechos em que eles aparecem. Paralelamente, vá anotando esses *phrasal verbs*, seus significados, e alguns exemplos.

- Aprender vocabulário novo numa língua estrangeira pode ser desmotivante e parecer uma tarefa impossível. Tente praticar sempre, de formas diferentes. Nestes *sites* você encontra sugestões de como aprender e praticar novo vocabulário: <http://lc.ust.hk/~sac/advice/english/vocabulary/V4.htm>; <http://esl.fis.edu/learners/advice/vocab.htm>.

23>> USANDO A ESTRUTURA DE UMA SENTENÇA PARA INFERIR O SIGNIFICADO DE UMA PALAVRA

A situação

Você está lendo um folheto sobre o Victoria and Albert Museum, em Londres. Você sabe que o museu é referência mundial no campo da arte e *design* e gostaria de saber mais detalhes sobre o seu acervo. Mas a leitura do folheto está difícil: apesar de o texto não ser muito longo, há muitas palavras que você desconhece, tais como *unrivalled, scope, sparkling, stunning* e *breathtaking*. Você se pergunta se haveria alguma estratégia de leitura que pudesse ser aplicada nesse contexto para o entendimento do vocabulário desconhecido.

O texto

1   The V&A is the world's greatest museum of art and design, with collections unrivalled in
2   their scope and diversity.

3   Discover sparkling jewellery, stunning sculpture, beautiful paintings and breathtaking
4   fashion on display in superb galleries housing objects from all over the world.

5   Seven miles of gallery space is yours to explore for free at the V&A.

Folheto *Discover the Victoria and Albert Museum*, Victoria and Albert Museum, Londres.

A estratégia

Você está certo em questionar se há alguma estratégia de leitura que possa ajudá-lo a entender o vocabulário listado na situação acima. Outras estratégias para entendimento de vocabulário que você já conhece não ajudam muito neste caso. Por exemplo, a identificação de palavras transparentes permite o entendimento de muitas palavras que podem ser desconhecidas (tais como *diversity, jewellery, sculpture, galleries*), mas não ajuda na compreensão das palavras listadas no parágrafo introdutório desta seção. O dicionário poderia ajudar, mas são muitas as palavras desconhecidas!

O uso de partes de palavras pode auxiliar no entendimento de palavras como *unrivalled* ou mesmo *breathtaking*, mas essa estratégia não é suficiente: *–ed* em posição final de palavra pode indicar um verbo no passado ou um adjetivo. Na tentativa de entender o significado de *breathtaking*, você pode se perguntar, em função da terminação *–ing*, se a palavra é um verbo ou um adjetivo, e poderá concluir que se trata de um adjetivo, com base na estrutura da sentença em que tal palavra é usada:

Sentença		
Verbo	Complementos do verbo	Informações adicionais
Discover	*sparkling jewellery stunning sculpture beautiful paintings breathtaking fashion*	*on display in superb galleries*

Como se vê, *jewellery, sculpture, paintings* e *fashion* são os complementos do verbo *discover* (isto é, o que será "descoberto"). A observação da estrutura da sentença também nos permite concluir que *sparkling, stunning, beautiful* e *breathtaking* são adjetivos que caracterizam tais complementos. E mais, embora esta estratégia não nos permita inferir o significado exato de tais adjetivos, pode-se concluir, pela estrutura do texto, que todos eles expressam características positivas (assim como *beautiful*, que deve ser vocabulário conhecido).

Para inferir o significado de *scope*, pode-se usar um raciocínio semelhante. A estrutura *in their scope and diversity* demonstra um paralelismo entre *scope* e *diversity*. Como esta última palavra é transparente e é um substantivo, pode-se concluir que *scope* também é um substantivo. A estratégia não nos permite inferir o significado de *scope,* mas podemos conjeturar em torno de "variedade", "riqueza", "representatividade" – todas essas hipóteses levariam a uma ideia possível (e aproximada!) do sentido do termo que, apesar de ser transparente (a palavra "escopo" existe em língua portuguesa), não é comumente usado e portanto deve ser desconhecido por parte de muitos leitores.

Neste ponto você pode estar inseguro sobre sua capacidade de poder identificar um termo como "substantivo" ou "adjetivo". Isso retoma nossa discussão na estratégia "Identificando o significado que procuramos num dicionário", a respeito de saber a categorização de classes gramaticais. Quanto mais sólido o conhecimento da gramática do inglês, melhor será a aplicação da estratégia focalizada nesta seção. Portanto, se você pretende apoiar-se na estrutura de uma frase para entendimento de vocabulário desconhecido, é boa ideia ter um bom entendimento de como as frases em inglês podem – e costumam – ser estruturadas. Por exemplo, se você sabe que, em inglês, os adjetivos sempre precedem os substantivos que modificam, pode chegar a conclusões importantes sobre os significados de substantivos e adjetivos desconhecidos na sua leitura.

Se não gosta muito de gramática, esta estratégia não deve ser muito atraente para você, mas há formas simples de se aplicar a estratégia. Uma forma rápida de verificar se uma palavra é um adjetivo é tentar ver se ela pode ser substituída por "good" or "bad": se a substituição funcionar do ponto de vista estrutural, há indicação de que a palavra seja mesmo um adjetivo (note que essa dica funcionaria nos casos de *stunning, breathtaking e sparkling* acima, mas não funcionaria para *scope*). Para ver se uma palavra desconhecida é um substantivo, veja se ela pode ser substituída por "thing(s)"; se sim (como aconteceria com *unrivalled in their thing and diversity*), a palavra é mesmo um substantivo.

Aplique a estratégia

1 > Leia o texto e marque as alternativas que completam as afirmações que seguem o texto:

In Kingsville, Liberia, 1 child in 9 won't make it to five.

1   Kingsville is one of the worst places in the world to be born.

2   In this poverty-stricken town, there is just one run-down clinic for 20,000 people. But it
3 has no running water or electricity and lacks even basic equipment.

4   As a result, many children die from preventable diseases like malaria, measles and
5 diarrhoea. The clinic simply doesn't have the resources to treat them.

Folheto *I can count further than I will probably live*, Save the Children ®.

a. Pela estrutura do texto, você pode concluir que *poverty-stricken* (linha 2) é um:

I. (   ) verbo   II. (   ) substantivo   III. (   ) adjetivo

b. Pela resposta acima, você pode concluir que *poverty-stricken* (linha 2) significa:

I. (   ) muito pobre   II. (   ) muita pobreza   III. (   ) muito empobrecimento

c. Pela estrutura do texto, você pode concluir que *lacks* (linha 3) é um:

I. (   ) verbo   II. (   ) substantivo   III. (   ) adjetivo

d. Pela resposta acima, você pode concluir que *lacks* (linha 3) significa:

I. (   ) carente   II. (   ) carece   III. (   ) carência

e. Pela resposta acima, você pode concluir que *measles* (linha 4) é o nome de:

I. (   ) um recurso natural na Liberia

II. (   ) uma região na Liberia

III. (   ) uma doença

2 > a. Com base na observação da estrutura do texto, preencha a tabela abaixo com a classe gramatical de cada palavra sublinhada.

Types of abuse

There are several different types of abuse:

If someone hurts your body by hitting, <u>slapping</u>, pushing or punching you it is PHYSICAL ABUSE.

If someone touches your body inappropriately, or makes you <u>touch</u> them or have sex with them it is SEXUAL ABUSE.

If someone threatens to harm or abandon you or they <u>shout</u> at you and humiliate you it is EMOTIONAL ABUSE.

If someone takes your money or <u>valuables</u> without permission, or stops you having access to your money or puts pressure on you to give them or leave them money or things in your will it is FINANCIAL ABUSE.

Folheto *Adult abuse: What it is & how to stop it*, Safeguarding, Vulnerable Adults in Reading, March 2009.

PALAVRA	CLASSE GRAMATICAL
Slapping	
Touch	
Shout	
Valuables	

b. Com base nas conclusões acima, marque a alternativa que contém a tradução das palavras sublinhadas.

I.   ( ) tapa   ( ) dando um tapa   ( ) vermelha por ter levado um tapa
II. ( ) tocar   ( ) toque   ( ) tocado
III. ( ) grito   ( ) gritam   ( ) gritando
IV. ( ) objetos de valor ( ) valiosos   ( ) faz avaliações

Sugestões adicionais

- Para praticar esta estratégia, procure textos que contenham listas ou *bullets* e neles explore palavras desconhecidas seguindo o formato dos exercícios acima: primeiro, tente identificar a classe gramatical das palavras; depois tente inferir seus significados.
- Para aprender mais sobre classes gramaticais em inglês, visite os *sites* <http://www.waylink-english.co.uk/?page=31060> e <http://www.bbc.co.uk/schools/ks2bitesize/english/spelling_grammar/word_types/read1.shtml>. Neste último você pode ler e ouvir a respeito do assunto, além de aprender com jogos!

24>> LENDO PARA APRENDIZAGEM OU REVISÃO DE ESTRUTURAS GRAMATICAIS

A situação

A leitura de um artigo de jornal faz você pensar sobre o *Present Perfect*, aquele tempo verbal que é composto pelo verbo *have* no presente, seguido do particípio passado do verbo principal (*have done*, *have seen*, *have eaten* etc.). A sua tendência é traduzir tais estruturas como "tem feito", "tem visto", "tem comido", mas tal raciocínio não funciona no texto que você lê: nele, *have beaten* não faz muito sentido se traduzido como "têm derrotado"; uma tradução apropriada do trecho seria "derrotaram". Você observa que há outro uso do *Present Perfect* no texto lido, bem como vários usos do *Past Simple*. Você se pergunta: "Será que eu posso entender melhor o uso do *Present Perfect* se eu tentar refletir sobre a razão de seu uso no texto, em contraste com o uso do *Past Simple*?"

O texto

General: Taliban 'beaten' by surge - Momentum shifts in Afghanistan

1 By Jim Michaels - USA TODAY

2 Coalition forces in Afghanistan have beaten the insurgency in an important
3 stronghold of Taliban fighters, though pockets of resistance remain, a U.S. commander
4 said Monday in an interview with USA TODAY.

5 "This is really the heart of the insurgency," Marine Maj. Gen. Richard Mills said of
6 Helmand province in southern Afghanistan. "I believe they have been beaten."

7 Helmand is among the first targets of a surge of 30,000 U.S. forces ordered into
8 Afghanistan by President Obama in December 2009. The first Marines associated with
9 the surge began arriving in the province shortly afterward.

10 At the time, the Taliban had control over Marjah, a center of the country's opium
11 trafficking industry that the insurgents had used to pay for its fighters and supplies,
12 according to the Pentagon. The Marines pushed the Taliban out of Marjah soon after and
13 for months after moved into outlying areas, some of which saw heavy fighting. [...]

USA TODAY, February 15, 2011, p. 1A.

A estratégia

A sua ideia inicial, de observar com atenção os usos do *Present Perfect* e do *Past Simple* no texto, a fim de tentar compreender em que situações tais tempos verbais são usados, é de fato muito boa.

Podemos, sim, ler um texto em inglês com o intuito de tentar entender melhor as estruturas daquela língua. Obviamente, a aplicação de tal estratégia faz com que a leitura deixe de ter um foco no *sentido* do texto, e passe a ter um foco na *forma* do texto – mas tal foco numa leitura é certamente válido quando aprendemos uma língua estrangeira!

Vamos voltar ao texto acima. Uma procura pelos usos do *Present Perfect* nos dá os seguintes exemplos:

- *Coalition forces in Afghanistan <u>have beaten</u> the insurgency in an important stronghold of Taliban fighters,* (linhas 1 e 2)
- I believe they <u>have been beaten</u>. (linha 6)

Por outro lado, os usos do *Past Simple* são os seguintes:

- *… a U.S. commander <u>said</u> Monday in an interview with USA TODAY.* (linhas 3 e 4)
- *… Marine Maj. Gen. Richard Mills <u>said</u> of Helmand province in southern Afghanistan.* (linhas 5 e 6)
- *The first Marines associated with the surge <u>began</u> arriving in the province shortly afterward.* (linhas 8 e 9)
- *At the time, the Taliban <u>had</u> control over Marjah, …* (linha 10)
- *The Marines <u>pushed</u> the Taliban out of Marjah soon after and for months after <u>moved</u> into outlying areas, some of which <u>saw</u> heavy fighting.* (linhas 12 e 13)

A partir do levantamento dos usos dos dois tempos verbais acima, pode-se fazer a seguinte reflexão: Por que houve usos de dois tempos verbais quando em português todos esses usos corresponderiam ao Pretérito Perfeito? Em que os dois "grupos" se distinguem, levando a usos de tempos verbais diferenciados? Essas perguntas, por sua vez, levariam à conclusão de que os usos do *Past Simple* estão sempre relacionados à identificação de um tempo definido no passado, podendo essa referência ser explícita ou implícita, da seguinte forma (os colchetes indicam referência implícita de tempo):

Verbo	said (linha 4)	said (linha 5)	began (linha 9)	had (linha 10)	pushed (linha 12)	moved (linha 13)	saw (linha 13)
Tempo definido	Monday (linha 4)	[Monday] (linha 4)	December 2009/ shortly afterward (linhas 8 e 9)	[when the marines began arriving] (linhas 8 e 9)	soon after (linha 12)	soon after/for months after (linhas 12 e 13)	soon after/for months after (linhas 12 e 13)

Modal verbs são alguns verbos em inglês que expressam a atitude ou opinião daquele que fala ou escreve, por exemplo, *can, could, should, may, might, must.*

A observação dos usos dos tempos verbais acima poderia também ilustrar uma explicação normalmente encontrada em livros de gramática sobre o *Present Perfect*: que esse tempo é usado para expressar ações no passado que têm consequências no presente. Essa explicação é difícil de ser entendida por falantes de português, já que esse conceito não afeta o uso dos tempos verbais em língua portuguesa. No entanto, é possível, a partir dos exemplos, compreender que *have beaten* e *have been beaten* são ações que aconteceram no passado mas que têm consequências no presente. É possível, também, observar os usos de *said, said, began, had, pushed, moved* e *saw* e concluir que tais ações iniciaram e terminaram no passado.

Como visto, esta estratégia é útil tanto para aprender novos pontos gramaticais quanto para rever outros que precisamos entender melhor ou em que queremos ter mais prática. Enquanto os que gostam de gramática podem consolidar seu conhecimento de regras gramaticais, ampliando seu trabalho em gramáticas convencionais para a observação do uso de itens gramaticais em contexto, os que não têm sólido conhecimento gramatical podem partir da leitura dos textos para chegar a conclusões sobre regras gramaticais.

Esta estratégia é especialmente benéfica para aprendizagem e/ou revisão de tempos verbais em inglês. Exercícios convencionais em gramáticas ou livros didáticos tendem a apresentar os tempos verbais em inglês em situações simplificadas, em frases pouco elaboradas, normalmente sem coexistir com outros tempos verbais. A leitura de textos não preparados para fins pedagógicos pode dar ao leitor uma dimensão mais completa sobre como tais tempos verbais são utilizados na língua inglesa, especialmente em se tratando de áreas em que o português funciona de forma diferente do inglês: *Present Perfect*, *modal verbs*, *wish*, *future with will/going to* e *if clauses* são alguns exemplos.

É importante deixar claro que esta estratégia, assim como seu nome indica, tem como objetivo primário a aprendizagem ou revisão de estruturas em língua inglesa. No entanto, um objetivo secundário da estratégia é a facilitação da leitura de textos em que as estruturas em foco aparecem.

Como em outras estratégias, há potenciais dificuldades envolvendo o uso desta estratégia, e um exemplo é o risco de o leitor tirar conclusões indevidas da sua observação. Retomando o exemplo acima, vejamos alguns exemplos. Podemos concluir, pelo exemplo acima (em que houve dois usos do *Present Perfect* e sete usos do *Past Simple*), que este tempo é mais frequentemente usado do que aquele? A resposta é negativa: não se pode chegar a essa conclusão por uma amostra tão pequena da língua inglesa em uso. Podemos concluir, pelo exemplo acima, que os usos do *Present Perfect* estão sempre associados a uma ausência de menção ao tempo do evento? Não, não podemos. O *Present Perfect* pode envolver "marcas" de tempo como *already, yet, just* – o fato de esses advérbios não terem aparecido na amostra não significa que eles não estão associados ao uso do tempo verbal.

Devemos ser sempre cuidadosos com nossas conclusões e generalizações acerca das estruturas do inglês após observar alguma forma gramatical num texto. É sempre prudente tratar essas conclusões como "teorias" a serem confirmadas em outras observações (ou numa consulta a uma gramática) do que como verdades absolutas que podem ser generalizadas.

Aplique a estratégia

1 > a. Complete a tabela abaixo com todas as palavras do texto que terminam com *–s* ou *–'s*:

RECOMMENDED TRANSFER EXPERIENCES

With our exciting array of facilities, services, shops and dining offerings, you will definitely find something that meets your needs and guarantees an unforgettable transfer experience. Here's our recommendations based on your transit dwell time at Changi Airport.

2 TO 3 HOURS
- Surf the Internet or send out some emails with FREE Internet services (15 mins)
- Enjoy a stroll in the world's first Butterfly Garden in an airport at Terminal 3 (20 mins)
- Get a FREE foot massage at the Foot and Calf Massage Stations (15 mins)
- Pick up fantastic gifts from a wide selection of souvenirs, toys, fashion and books (30 mins)
- Grab a light and healthy meal at Quick Bites (30 mins)
- [...]

Folheto *Singapore Changi Airport*, Transfer Guide, Oct-Dec 2010, p. 5.

-S	-'S

b. Reflita sobre os usos acima e responda:

I. Todas as palavras da coluna da esquerda são substantivos no plural?

_____

II. O que você pode concluir sobre o uso de –s em inglês com base nos exemplos do texto?

_____

III. O uso de –'s nas palavras da coluna da direita tem a mesma função?

_____

IV. O que você pode concluir sobre o uso de –'s em inglês com base nos exemplos do texto?

_____

2 > a. Leia o texto abaixo, sublinhando os artigos (*the* e *a*) e depois responda as perguntas:

Introduction

Writing is among the greatest inventions in human history, perhaps *the* greatest invention, since it made history possible. Yet it is a skill most writers take for granted. We learn it at school, building on the alphabet, or (if we live in China or Japan) the Chinese characters. As adults we seldom stop to think about the mental-cum-physical process that turns our thoughts into symbols on a piece of paper or on a video screen, or bytes of information in a computer disc.

> Robinson, Andrew. *The story of writing: Alphabets, hieroglyphs & pictograms*. New Edition. Londres: Thames & Hudson, 2007. p. 7.

I. O que você pode concluir sobre o uso de *the* em inglês com base nos exemplos do texto?

_____

II. O que você pode concluir sobre o uso de *a* em inglês com base nos exemplos do texto?

_____

b. Em seu bloco de notas, traduza o texto para o português e observe: o artigo *the* é usado em inglês em todos os casos em que os artigos *o* ou *a* são usados em português?

Sugestões adicionais

- Para praticar esta estratégia, pense numa estrutura gramatical que lhe causa dificuldade em inglês (por exemplo, um tempo verbal, certos pronomes, *modal verbs*, preposições). Pesquise exemplos de uso dessa estrutura em alguns textos (deste livro ou de qualquer outra fonte) e compile-os por escrito. Observe os exemplos e procure tirar algumas conclusões sobre o uso de tal estrutura. Se quiser, verifique suas conclusões numa gramática impressa ou *on-line* (por exemplo, <http://learnenglish.britishcouncil.org/en/english-grammar> ou <www.cybergrammar.co.uk/index.php>).
- Se você deseja obter acesso a explicações gramaticais e/ou exercícios de gramática mais convencionais, faça buscas na Internet por "*on-line grammar*" ou "*grammar esl*".

25» APOIANDO-SE NAS PALAVRAS-CHAVES (*KEY WORDS*) DE UM TEXTO

A situação

Você gosta da cantora Mariah Carey, e uma pequena notícia num jornal chama a sua atenção. Seu título é *"Goats are Mariah Carey fans"*. Você reconhece "Mariah Carey" e a palavra transparente *"fans"*, mas não compreende *"goats"*. Numa leitura rápida do restante do texto, nota que a palavra *"goats"* é usada outras vezes. Você imagina que o entendimento de tal palavra seja imprescindível para a compreensão do texto e, como não tem um dicionário à mão, desiste da leitura. Mais tarde, você se pergunta se sua conclusão foi acertada.

O texto

Goats are Mariah Carey fans

1   A goat farmer claims he has increased milk production by 20% after forcing his
2 herd to listen to Mariah Carey singing *All I Want for Christmas Is You*. Staff at St
3 Helen's Farm, Seaton Ross, in the East Riding of Yorkshire, tried heavy metal and *Old*
4 *MacDonald Had a Farm* before they discovered the benefits of Carey's 1994 hit, which
5 seemed to relax the goats.
6   "The staff are probably sick of it now, but it works for the goats," said Angus
7 Wielkopolski, who founded the farm.

The Sunday Times, News Review, 19 dez. 2010. p. 16.

A estratégia

Você teve uma boa e uma má ideia. A boa ideia foi identificar *goats* como uma palavra central no texto, cujo entendimento é necessário para uma leitura eficaz. Mas a sua decisão de desistir da leitura apenas por não compreender tal palavra, e por não ter um dicionário à mão para esclarecer a sua dúvida, não foi muito apropriada. Se você tinha interesse em ler o texto, mesmo percebendo que *goats* era uma palavra-chave (*key word*) e não tendo como verificar seu significado em um dicionário, poderia ter usado outras estratégias que já conhece para fazer uma inferência: por exemplo, o uso de *farm(er)* e *milk production* poderia apoiar a conclusão (acertada) de que *goats* é um animal que dá leite.

Mas voltemos ao início do processo e vamos tratar da identificação de *key words* num texto. Essa identificação, embora crucial

Marcadores temporais são palavras ou expressões usadas num texto para indicar o tempo ou a passagem do tempo, por exemplo, *when, after that, during, meanwhile.*

Marcadores do discurso (*discourse markers*, em inglês) são palavras ou **locuções** usadas para conectar e sinalizar partes do discurso, por exemplo, indicando hesitação, troca ou manutenção do assunto, relação entre ideias.

para a leitura, não é automática nem necessariamente simples, e esse processo de reconhecimento requer prática. No exemplo acima, o leitor baseou tal identificação no fato de que a palavra foi usada mais de uma vez. Esta condição pode caracterizar a presença de *key words,* mas é importante lembrar que uma mesma *key idea* pode ser apresentada num texto através de palavras diferentes (sinônimas, por exemplo). Palavras realçadas (em negrito, sublinhadas, em itálico, usando cores e tamanhos de fontes diferentes, por exemplo) também podem representar *key words*. Em narrativas, marcadores temporais costumam ser *key;* em textos que contêm algum tipo de sequência, marcadores do discurso como *first, second, third, finally* são palavras-chaves.

No artigo de jornal reproduzido no exemplo acima, outra "pista" indica que *goats* é uma palavra-chave cujo entendimento é necessário para a compreensão do texto: o fato de que essa palavra aparece no título do texto. Percebendo isso, o leitor deve apoiar-se no entendimento de *goats, Mariah Carey* e *fans* (os elementos componentes do título) ao ler o texto, pois essas palavras são centrais para sua compreensão.

Como visto, as palavras-chaves de um texto estão geralmente associadas ao gênero de tal texto. Se você lê uma receita, por exemplo, toda a lista de ingredientes contém *key words*; afinal, você não pode fazer tal receita sem ter entendimento de todos os ingredientes que precisa. Num artigo de jornal, há provavelmente uma ou mais *key words* no título. Em textos que contêm estatísticas, além do entendimento dos números propriamente ditos, é também essencial entender as palavras que acompanham esses números (*more than, less than, about, increase, decrease, go up/down* etc.).

Muitas vezes, ao ler um texto, "empacamos" em uma palavra desconhecida e isso pode afetar o resto da leitura. Portanto, é importante que o leitor saiba identificar quais são as palavras-chaves para uma leitura (aquelas cuja compreensão é mesmo necessária) e quais não são. Essa identificação permitirá ao leitor que concentre sua atenção nas *key words* e que não se preocupe demasiadamente com termos cuja compreensão não é essencial ao objetivo de sua leitura. Quanto mais você praticar essa identificação e esse foco em *key words*, mais eficaz será sua leitura.

Aplique a estratégia

1 > a. Leia o texto a seguir e, enquanto lê, circule as palavras que lhe parecem essenciais para a compreensão do texto.

Many people in India don't eat beef, but they still find many uses for the cattle. Cows provide milk for drinking and for other dairy products. Young cattle are used for plowing fields and carrying big loads.

Hartcourt Family Learning. *Reading skills, Grade 6.* Nova York: Spark Educational Publishing, 2004. p. 75.

b. Leia de novo, e reavalie suas decisões, sublinhando as palavras que lhe parecem, nessa segunda leitura, realmente essenciais para o entendimento do texto.

c. O texto tem 37 palavras. Observe quantas palavras você circulou e sublinhou ao mesmo tempo e responda: as palavras-chaves do texto representam mais ou menos que a metade de todas as palavras que compõem o texto?

_____

2 > a. Faça uma leitura rápida do texto a seguir e identifique 5 palavras que você desconhece e cuja compreensão parece ser importante para o entendimento do texto. Liste as palavras na coluna da esquerda da tabela.

The Cumberland Pencil Museum is the only attraction in the world devoted exclusively to the rich and fascinating history of the pencil.

From the discovery of Graphite in the Borrowdale valley in the early 1500s to the formation of the Cumberland Pencil Company in 1832, the museum charts the development of the humble Pencil throughout the centuries.

See the world's Largest Coloured Pencil, marvel at our James Bond style pencil, and travel along our quiz trails and find out how the lead gets inside a pencil.

Learn some new skills in our art activities room, where you can learn how to draw with our Famous Derwent Watercolour Pencils, and enter our monthly drawing competition, open to both adults and children.

Folheto Cumberland Pencil Museum, Reino Unido.

UNKNOWN WORD	GUESSING ITS MEANING	FROM THE DICTIONARY

b. Adivinhe o significado das palavras listadas a partir de seu uso no texto. Escreva suas *guesses* na coluna central.

c. Consulte um dicionário bilíngue e verifique o significado das palavras listadas. Use a coluna da direita para registrar o significado das palavras. Se não tiver um dicionário bilíngue, use o *site* <http://dictionary.reverso.net/english-portuguese/>.

Sugestões adicionais

- Selecione pequenos textos *on-line* (por exemplo, artigos num jornal para crianças tal como <http://www.firstnews.co.uk/index>) e em cada um deles escolha uma ou duas palavras que desconhece mas cujo entendimento considera imprescindível a fim de obter uma melhor compreensão do texto. Justifique as suas escolhas.
- Para explorar ainda mais esta estratégia, escolha um artigo sobre um assunto da atualidade num jornal *on-line* em português, nele identificando quais são as palavras-chaves. Depois, leia rapidamente um artigo sobre o mesmo assunto em um jornal *on-line* em inglês e ache os termos que correspondem às palavras-chaves previamente identificadas. Em seguida, leia o texto sem se preocupar com palavras que não são essenciais para a compreensão e reflita: a identificação das palavras-chaves facilitou a sua leitura?
- Selecione alguns textos que tenham partes destacadas com negrito, itálico, sublinhado, ou qualquer outra forma de destaque. Leia apenas as partes destacadas e faça previsões sobre o restante do conteúdo do texto. Depois leia o texto integralmente e reflita: as palavras destacadas são mesmo essenciais para o texto? Você pode começar praticando esta estratégia com textos já lidos.
- Você pode usar o *site* <http://www.find-keyword.com/> para achar as *key words* de um texto. Tal identificação é feita com base na frequência das palavras que compõem o texto, portanto nem todas as palavras encontradas são cruciais para o sentido do texto (sempre se acham, por exemplo, muitos *the, a, you, that*). Para exemplificar, no texto desta seção, de acordo com o *site*, estas são as 5 palavras mais frequentes (o *site* lista a frequência de todas as palavras).

COUNT	PERCENTAGE	FOUND KEYWORD
29	1.79 %	texto
26	1.61 %	que
25	1.55 %	palavras
25	1.55 %	the
17	1.05 %	uma

26» IDENTIFICANDO O QUE SE PRECISA OU SE QUER LER

A situação

Você folheia uma revista semanal cujo assunto é entretenimento. A revista é razoavelmente longa, tem mais de 50 páginas, e na sua folheada rápida você nota que ela fala de filmes e peças em cartaz, exposições em museus, *shows*, TV, rádio, música, jogos. São tantos os assuntos – alguns lhe interessam, outros não – que você se pergunta se há uma forma rápida de conhecer o conteúdo da revista para decidir o que você quer ou precisa ler. "Um índice!", você se lembra, "Claro! Por que não pensei nisso antes?"

O texto

Playlist Going out, staying in – the best of the week

Film

It's a knockout
Mark Wahlberg plays the boxer "Irish" Micky Ward and Christian Bale is his drug-addicted brother and cornerman in *The Fighter*, which will slug it out in seven different categories at the Oscars. **Page 10**

The long goodbye
Nicole Kidman, Aaron Eckhart and Dianne Wiest provide an acting masterclass in *Rabbit Hole*, a portrait of a married couple grieving their dead son. **Page 10**

Music

In with the new
Fierce electro duo Crystal Castles, art-pop outfit Everything Everything and guitar band of the moment, the Vaccines, all star on the Shockwaves tour. *NME's* annual showcase of new music. **Page 16**

End of the streets
Computers and Blues is the fifth, and reputedly the last, album from Mike Skinner in his Streets guise. A final chance, perhaps, to hear from the bard of PlayStations and Barcadi Breezers. **Page 15**

Stage

Creating a monster
Danny Boyle directs the new stage production of *Frankenstein* at the National Theatre, with Jonny Lee Miller and Benedict Cumberbatch alternating in the roles of creator and monster. **Page 18**

Lords of the dance
The former *Britain's Got Talent* dance troupe Flawless kick off a new tour featuring an astonishing array of back-flips, body-popping, tap-dance robotics and even Michael Jackson homages. **Page 20**

Exhibitions

The bare necessities
Birds do it, bees do it… and the Natural History Museum wants to tell us exactly how in its new *Sexual Nature* exhibition, which explores the sex lives of animals and includes intimate footage and live creatures. **Page 21**

| **Games** | **Wacky races** |
| | In the ludicrous quad-bike racing game *Nail'd,* you hurtle around courses at alarming speeds before being pitched into the air past hot-air balloons and between the blades of wind turbines. **Page 23** |

| **TV&Radio** | **Dr Death in the house** | **History girl** |
| | In a rare TV role, Al Pacino stars in *You Don't Know Jack* (Sky Atlantic on Sunday) about the euthanasia advocate Jack Kevorkian, who claims to have assisted the deaths of 130 terminally ill people in the 90s. **Page 35** | *The Promise*, on Channel 4 on Sunday, is a powerful, ambitious four-part drama by Peter Kosminsky, about a young woman (Claire Foy) retracing her grandfather's footsteps in modern-day Israel. **Page 24** |

Adaptado de *Playlist*, Saturday Times entertainment magazine, 5-11 February, 2011. p. 3.

A estratégia

Boa ideia a sua de procurar um índice para auxiliá-lo a saber mais sobre o conteúdo da revista, e a decidir o que quer e precisa ler. Sua ideia pode parecer óbvia, mas não é. Muitos leitores se esquecem de consultar índices mesmo quando se sentem assoberbados diante da quantidade de texto à sua frente (num livro, numa revista, num *site*, entre outros). De fato, muitos leitores nem saberiam dizer onde encontrar um índice!

Índices (em jornais, em revistas, em livros) têm exatamente a função de apresentar o conteúdo do texto de uma forma sintética, listando as "partes" e suas respectivas páginas na ordem em que aparecem no texto – num jornal ou revista, os artigos; num livro, os capítulos. Índices costumam aparecer no início do texto, mas não necessariamente na primeira página, portanto vale a pena explorar as páginas iniciais à sua procura. É comum em revistas e jornais haver anúncios ou outros textos nas páginas iniciais, e o índice vir mais adiante.

A má notícia é que nem sempre os índices listam todo o conteúdo de uma revista ou jornal. O texto acima ilustra esse aspecto: nem todas as páginas da revista são mencionadas, apenas um ou dois artigos por área (*Film, Music, Stage, Exhibitions, Games, TV&Radio*), mas uma leitura integral da revista revelaria que há outros textos nessas seções.

Se o índice de um jornal ou revista listasse todos os artigos que aparecem no documento, ele seria enorme, de difícil leitura, e talvez sua função de dar uma ideia geral e rápida do conteúdo seria comprometida. Editores decidem, então, quais artigos serão listados: estes devem ser os mais importantes e/ou que gerem maior interesse.

Saber identificar o que se precisa ou se quer ler torna-se cada vez mais importante com o uso frequente da Internet como fonte de informação. Tomemos o caso de *sites* como exemplo. Um *site* é composto por muitas páginas (em princípio, pode ter um número infinito de páginas) e ao lermos uma *homepage* (a primeira página de um *site*) não sabemos, de imediato, qual o conteúdo do *site*. Pela barra de menu do *site* podemos ter uma ideia das áreas em que o conteúdo é organizado; às vezes um dos itens dessa barra é algo chamado *site map* em que você pode ler uma lista dos títulos e subtítulos de todas as páginas do *site*. A leitura desses "mapas" pode auxiliar o leitor a decidir mais facilmente o que quer (ou não) ler no *site*.

Outro aspecto relacionado a esta estratégia no contexto da Internet é o uso de hyperlinks. Estes podem ser muito úteis numa leitura (para nos dar mais informações sobre algo), mas há sempre o risco de ir-se navegando através de *hyperlinks*, perdendo-se o foco da leitura original. Ao ler, é sempre importante manter em mente o objetivo da nossa leitura.

Esta estratégia está relacionada com *scanning*, mas, de certa forma, é "anterior". Antes de *scan* um texto temos de ter clareza do que queremos ou precisamos ler. Lembre-se: títulos e subtítulos, *site maps*, índices e *hyperlinks* podem orientar a nossa leitura, mas nunca podemos esquecer que os leitores – e não o texto propriamente dito – é que devem estar no controle da leitura. Use tais recursos como ferramentas de apoio para tomar decisões fundamentadas ao ler.

> **Hyperlink** é uma referência em um texto na *web* que leva o leitor a outra página de *web*. Geralmente, os *hyperlinks* aparecem sublinhados ou em cor diferente. Clicando-se neles, vai-se para outra página da *web*.

Aplique a estratégia

1 > Abaixo você pode ler o conteúdo da primeira página de um folheto sobre gripe suína. Relacione os comentários dos leitores abaixo com as informações do texto, indicando que seções devem ser lidas por cada um dos leitores.

Folheto *Important information about swine flu*, National Health Service, Reino Unido, 2009. (Os números ao lado de cada item foram adicionados para facilitar a realização do exercício.)

WHAT IS THIS LEAFLET FOR?

The UK government have produced this leaflet to give you information about swine flu. It tells you:

1   What swine flu is and how it could spread.

2   What the UK governments have done to prepare for a wider outbreak of flu.

3   What you can do to protect yourself and others against flu.

4   Other actions you can take in case swine flu becomes more widespread.

5   What to do if you think you have flu symptoms.

6   How you can keep up to date with the latest information about swine flu.

a. ( ) "Estou desconfiado que estou com gripe suína."

b. ( ) "Acho que o governo não está fazendo o que pode no combate à doença."

c. ( ) "Cada dia aparece uma novidade sobre a gripe suína, e eu gostaria de estar sempre atualizada."

d. ( ) "Eu gostaria de entender melhor essa doença e como ela se espalha pela população."

e. ( ) "Eu acho que a doença vai se espalhar rapidamente. Mas não sei o que devo fazer se isso acontecer."

f. ( ) "Estou muito preocupada com a gripe suína e não sei como posso me proteger contra o vírus."

2 > Uma manchete de um artigo de revista chama a sua atenção: *Why flirting is good for men*. Mas você não quer ler todo o artigo, e só se interessa mesmo em saber a explicação (*Because…*) dada ao *why* do título.

a. Numa leitura rápida, sublinhe as partes do texto que precisam ser lidas para responder à sua pergunta.

Why flirting is good for men

It's official, says The Daily Telegraph: men really do get a boost from being surrounded by attractive women. Psychologists have found that just being in the presence of a pretty member of the opposite sex causes a surge in men's levels of testosterone and cortisol, hormones associated with alertness and wellbeing. By contrast, being around other men causes levels of both hormones to fall. For the study at the University of California, researchers recruited 149 male students, aged 18 to 24, a third of whom interacted with a 25-year-old man, while the rest talked to one of seven female students whom the men rated as good-looking. By testing their saliva, the researchers found that a five-minute chat with an attractive woman was enough to raise the men's levels of testosterone by 14% on average, and of cortisol by 48%. Spending the same amount of time with another man caused testosterone levels to fall by 2%, on average, and cortisol levels to fall by 7%.

The Week, 10 out. 2009, p. 19.

b. Leia com calma e reflita: O que você aprendeu sobre o assunto do texto?

Sugestões adicionais

- Pratique a estratégia usando o texto reproduzido acima (*Playlist*): imagine que você tem a revista às mãos e quer selecionar o que deseja ler com mais detalhes. Com base na leitura do texto, o que você decidiria ler? Por quê?

- Para testar essa estratégia, escolha um assunto que deseje pesquisar *on-line*. Antes de fazer sua pesquisa, liste algumas perguntas que gostaria de investigar sobre o assunto. Depois, consulte uma enciclopedia *on-line* à procura das respostas, e nessa busca vá decidindo o que vai (e não vai) ler, sempre justificando suas escolhas para você mesmo.

- Vá ao *site* de um jornal *on-line* de que gosta e selecione um artigo de seu interesse. Nessa leitura, vá selecionando – e seguindo – alguns *hyperlinks*. Depois de um tempo, retorne à página inicial e siga outro caminho, com outros *hyperlinks*. Em seguida avalie o que leu/aprendeu nos dois caminhos seguidos.

27›› IDENTIFICANDO EXPRESSÕES DE TEMPO NUMA NARRATIVA

A situação

A leitura de um artigo de jornal causa-lhe certa dificuldade. O texto narra uma série de eventos mas você não está muito certo da sequência em que tais eventos ocorreram. O texto parece começar narrando fatos em sequência (linhas 1 e 2, até *yesterday*). Mas em seguida a narrativa parece retomar o início da sequência de eventos, e dali para a frente a ordem dos eventos fica embaralhada em alguns pontos. Você se pergunta: "Como posso fazer para ter certeza da ordem em que os eventos narrados ocorreram?"

O texto

Bank robber went to the bar and bought a round

1 A ROBBER raided a bank and then went to a pub, threw the cash in the air and
2 said 'the drinks are on me', a court heard yesterday. Christopher Allnut, 42, went into
3 Barclays Bank in Winchester, Hampshire, telling female staff: 'Good morning, I'm here
4 to rob you today. Give me £5,000 and I will f*** off. Do not keep me waiting or I will
5 shoot.' Bank manager Wendy Grocott handed over £1,600. Allnut left and walked to the
6 nearby Old Gaol House pub, dropping £350, later recovered by bank staff, Winchester
7 court heard. He said, 'the drinks are on me,' had another one himself, then lay in the road
8 to be arrested. Allnut, from Southampton, pleaded guilty and was detained under the
9 Mental Health Act.

Metro, 9 dez. 2010. p. 7.

A estratégia

Num texto narrativo, a ordem em que os eventos aparecem no texto não segue necessariamente a mesma sequência de ocorrência dos eventos. No caso do texto acima, a representação da ordem dos verbos na narrativa nos dá a seguinte sequência:

raided a bank ⟶ went to a pub ⟶ threw the cash in the air ⟶ said ⟶ are ⟶ a court heard ⟶ went into Barclays Bank ⟶ telling female staff ⟶ 'm here ⟶ give me ⟶ will f*** off ⟶ do not keep me ⟶ will shoot ⟶ handed over ⟶ left ⟶ walked ⟶ dropping ⟶ recovered ⟶ heard ⟶ said ⟶ are on me ⟶ had ⟶ lay ⟶ pleaded ⟶ was detained

No entanto, se fôssemos contrapor a ordem acima com o tempo em que os eventos descritos de fato ocorreram, teríamos algo assim:

PAST 1 (summary) raided ⟶ went to a pub ⟶ threw the cash in the air ⟶ said ⟶ PRESENT IN PAST 1 are

PAST 1 (details): went into Barclays Bank ⟶ telling female staff ⟶ PRESENT IN PAST 1 'm here ⟶ PRESENT IN PAST 1 give me ⟶ FUTURE IN PAST 1 will f*** off ⟶ PRESENT IN PAST 1 do not keep me ⟶ FUTURE IN PAST 1 will shoot ⟶ PAST 1 (cont'd) handed over ⟶ left ⟶ walked ⟶ dropping ⟶ said ⟶ PRESENT IN PAST 1 are on me ⟶ PAST 1 (cont'd) had ⟶ lay

PAST 2 recovered

PAST 3 heard ⟶ pleaded ⟶ was detained

Note-se que há três tempos mencionados no passado, e acima eles aparecem na cor: Tempo 1, o do assalto ao banco seguido da ida ao *pub*; Tempo 2, um tempo indeterminado após o Tempo 1 em que parte do dinheiro foi recuperado; Tempo 3, o tempo do julgamento. Note-se, também, que os eventos do Tempo 1 são mencionados duas vezes, de forma sintética no início do texto e de forma mais detalhada logo em seguida. Finalmente, note-se que a sequência dos eventos narrados no texto não segue a ordem cronológica, e mais: há casos em que passado, presente e futuro se mesclam, pois, apesar de o texto relatar um passado, quando ele reproduz as falas, o faz no tempo que foi usado. A representação dos eventos na narrativa é de fato muito complexa, e a pergunta que se segue é: como é que o leitor consegue compreender tamanha complexidade?

Para responder a esta pergunta, precisamos retomar o conceito de conhecimento prévio. Para construir um sentido para o texto acima, precisamos ativar conhecimento de mundo sobre crimes e julgamentos, e saber o que acontece antes do quê. Precisamos ativar conhecimento de inglês e entender *key words* como *then, yesterday, later*. Precisamos, também, acionar conhecimento de organização textual para perceber que os eventos narrados na primeira frase (*topic sentence*) serão retomados, e ampliados, ao longo do texto.

Para aplicar esta estratégia na leitura em inglês é, portanto, importante compreender os marcadores temporais utilizados em um texto (por exemplo, *first, then, after that, afterwards, later, until, while, when*). É importante também prestar atenção a datas e ao uso de tempos verbais para melhor entender o tempo dos eventos. Em narrativas, é recomendável prestar atenção especial ao uso do *Past Perfect* (*had done, had seen, had arrived*), pois esse tempo verbal envolve necessariamente duas ações no passado, uma anterior à outra. Se lemos, por exemplo, que *The robber had been at the bank before going to the pub*, sabemos que há dois tempos na frase: o tempo em que ele foi ao *pub*, e um tempo anterior em que ele esteve no banco. O uso do *Past Perfect* (*had been*/"tinha estado") está associado à ação que primeiro aconteceu no passado.

A estratégia focalizada nesta seção é especialmente importante em textos narrativos. Este tipo de texto é comumente usado em vários gêneros textuais, por exemplo, artigos de jornais, histórias infantis, romances, biografias, fábulas. Ao ler esses textos, lembre-se sempre de que a sequência dos eventos descritos nem sempre corresponde à cronologia em que tais eventos ocorreram.

Aplique a estratégia

1 > a. Leia o texto abaixo prestando atenção à sequência de eventos.

Snow hope, I'm afraid

A bus driver has been forced to resign after knocking down a snowman. The driver veered into the wrong lane to hit the snowman, which had been built by students on a university campus in Urbana, Illinois. The incident was filmed and has been posted on YouTube under the title: "Insane Bus Driver Brutally Murders Snowman."

The Sunday Times, News Review, 19 dez. 2010. p. 16.

b. Numere a sequência de eventos na ordem em que eles ocorreram:

I. ( ) O motorista de ônibus atropelou um boneco de neve.
II. ( ) Alunos de uma universidade fizeram um boneco de neve.
III. ( ) O motorista de ônibus pediu demissão.

c. Marque a alternativa correta de acordo com as informações do texto:

I. ( ) O motorista pediu demissão antes de o vídeo ter sido postado na Internet.
II. ( ) O motorista pediu demissão depois de o vídeo ter sido postado na Internet.
III. ( ) Não se pode dizer com precisão se o pedido de demissão aconteceu antes ou depois de o vídeo ter sido postado na Internet.

2 > a. Leia a fábula a seguir, sublinhando todas as expressões que marcam o tempo da narrativa:

The Lion and the Hare

A Lion found a Hare sleeping, and was just going to devour her when he caught sight of a passing stag.

Dropping the Hare, he at once made for the bigger game; but finding, after a long chase, that he could not overtake the stag, he abandoned the attempt and came back for the Hare.

When he reached the spot, however, he found she was nowhere to be seen, and he had to go without dinner.

*

Be content with what you're sure of.

Larkin, Rochelle (adapt.). *Great Illustrated Aesop's Fables.* Nova York: Baronet Books, 1994. p. 120.

b. Numere a sequência de eventos:
  I. (   ) O leão viu o cervo.
  II. (   ) O leão desistiu da lebre.
  III. (   ) O leão desistiu do cervo.
  IV. (   ) O leão correu atrás do cervo.
  V. (   ) O leão achou a lebre.
  VI. (   ) O leão procurou a lebre.

Sugestões adicionais

- Leia pequenos *blogs* e liste a ordem de ocorrência dos eventos narrados. *Blogs* de viagens são apropriados para essa tarefa. Uma busca por "*travel blogs*" pode levá-lo a alguns exemplos.
- Para testar seu entendimento de expressões de tempo, visite o *site* <http://esl.about.com/od/beginningenglish/ig/Basic-English/Time-Expressions.htm>.
- Faça uma busca na Internet usando a palavra *biographies*. Selecione algumas biografias de pessoas cuja vida lhe interessa e leia as biografias, nelas observando o uso de expressões de tempo. Depois de ler, liste alguns eventos na vida da pessoa e numere-os de acordo com sua ordem de ocorrência. Leia o texto novamente para verificar a sua sequência.

28>> COMPREENDENDO A IDEIA PRINCIPAL DE UM PARÁGRAFO

A situação

Você está lendo um livro sobre teatros, um assunto de seu interesse. Mas o livro contém muitas páginas, muitas informações, e você tem dificuldade em extrair a ideia principal de um trecho. No meio de tantos outros trechos já lidos e por ser lidos, você se pergunta: "Haveria alguma maneira de compreender a ideia principal desse parágrafo de uma forma rápida e bem-sucedida?". E você tem uma ideia: "Será que se eu tentar responder à pergunta 'Sobre o que é o texto?' eu poderei identificar sua ideia geral?"

O texto

The origins of the theatre

1 The idea of a theatre – a place where live actors perform – is very old and began in
2 the ancient world. The first theatres were holy places, often temple forecourts, where
3 priests performed songs and dances to honour their gods. Worshippers gathered to watch
4 and, in time, seating was added along with an acting area where performers recreated
5 the sacred legends of the gods. For both actors and audiences these performances were
6 religious cerimonies. The notion that theatres were places where people went solely to be
7 entertained did not arise till Roman times.

Morley, Jacqueline. *A Shakespearean Theatre*. Brighton: Book House, 2007. p. 6.

A estratégia

Na situação acima, é boa a ideia de perguntar se haveria uma estratégia de leitura que pudesse facilitar a identificação da ideia principal do parágrafo. No entanto, a ideia de usar a pergunta "Sobre o que é o texto?" para tal fim não é adequada. Afinal, a resposta a essa pergunta ("O texto é sobre teatros.") levaria o leitor ao "tópico" ou "assunto" do texto e não à sua ideia principal.

Para identificar a ideia principal de um texto, a pergunta a ser feita é *What point is the author trying to make in the text?* Note que, ao responder a essa pergunta com relação ao texto acima, chegaríamos a algo como "o ponto que está sendo defendido é que os teatros existem há milênios e que a definição e a função do teatro mudaram muito ao longo dos tempos" – e esta, sim, é a ideia principal do texto.

Vimos, então, que ideia principal e assunto são coisas diferentes, mas é importante realçar que ideia principal não é resumo.

A ideia geral de um texto deve ser expressa em poucas palavras, e um resumo pode ser maior. No caso do texto acima, um resumo incluiria detalhes como a função religiosa do teatro em suas origens, e que a noção de entretenimento associada ao teatro só foi iniciada no tempo dos romanos.

Você pode praticar a identificação da ideia principal de um texto seguindo estes passos:

1. Pergunte: *What point is the author trying to make in the text?*
2. Escreva sua resposta e depois a releia, observando se nela há informações que são "adornos" ou detalhes sobre a ideia principal.
3. Se houver "adornos", eles podem ser eliminados. Provavelmente eles incluem detalhes e não apenas a ideia principal.

Como vimos na seção "Lendo a primeira frase de cada parágrafo para compreender seu significado", muitas vezes a ideia principal de um parágrafo pode ser encontrada na sua *topic sentence. Topic sentences*, como vimos, costumam aparecer no início ou no final de um parágrafo, mas a dificuldade é que nem sempre um parágrafo contém tópicos frasais, e um leitor estratégico deve saber explorar outras pistas possíveis. Em inglês, o uso de palavras como *many, several, numerous, a lot* juntamente com uma ideia mais geral podem estar associados à ideia geral do parágrafo (numa *topic sentence* ou não). O uso de *concluding words* (tais como *therefore, consequently, hence, thus*) também pode indicar que naquele ponto do texto se encontra a apresentação de sua ideia geral. Mas lembre-se: a ocorrência desses termos não garante a existência da ideia geral do texto naquele ponto, e cabe ao leitor verificar se tais "pistas" realmente conduzem à ideia principal.

A identificação da ideia principal do que lemos em inglês torna-se a cada dia mais importante, dado o aumento do volume de leitura associado ao uso da Internet nos dias de hoje. Ao navegar na Internet, somos sobrecarregados por uma quantidade enorme de informações, e torna-se cada vez mais necessário saber "filtrar" o que é essencial e o que são detalhes nos textos que lemos. Voltaremos a tratar desse assunto na próxima seção deste livro.

Por ora, é importante ressaltar que um bom leitor deve ser capaz de identificar a ideia principal do que lê – e de poder articular essa ideia geral após a leitura. Em textos pequenos (como o exemplo acima, ou pequenas resenhas de livros ou filmes, ou pequenas notas em jornais, entre outros), a aplicação desta estratégia não é muito complicada, mas ela pode se tornar mais desafiadora na leitura de textos mais longos. Para praticar a estratégia nesses textos, você pode fazer o seguinte: comece fazendo uma leitura rápida (*skim through the text*) procurando identificar a ideia principal de cada parágrafo. Se necessário, liste essas ideias principais. Depois, reflita: o que faz essas ideias estarem conectadas? Sua resposta vai provavelmente ajudá-lo a chegar à ideia principal do texto.

Como sempre, lembre-se: a melhor forma de aprender sobre uma estratégia é através do seu uso frequente, em diferentes situações – e sempre acompanhadas de reflexões sobre seu uso e os benefícios que elas podem ter ocasionado.

Aplique a estratégia

1 > Leia o texto e marque a alternativa que melhor expressa a ideia geral do parágrafo.

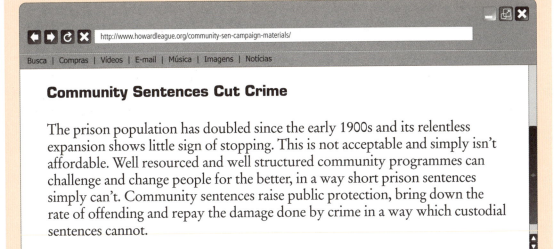

Community Sentences Cut Crime

The prison population has doubled since the early 1900s and its relentless expansion shows little sign of stopping. This is not acceptable and simply isn't affordable. Well resourced and well structured community programmes can challenge and change people for the better, in a way short prison sentences simply can't. Community sentences raise public protection, bring down the rate of offending and repay the damage done by crime in a way which custodial sentences cannot.

Disponível em: <http://www.howardleague.org/community-sen-campaign-materials/>. Acesso em: 26 ago. 2011.

a. ( ) O número de pessoas encarceradas vem aumentando a cada dia e não há mais espaço nas prisões.
b. ( ) Os membros de uma comunidade têm de atuar juntos para resolver o problema do crime em seu contexto.
c. ( ) Sentenças que envolvem trabalho comunitário são mais eficazes do que o aprisionamento de criminosos.
d. ( ) As prisões atuais são mais bem estruturadas e têm mais recursos do que as prisões dos anos 90.

2 > Leia o texto abaixo e reponda: qual é a sua ideia principal? Para responder à pergunta você pode seguir os 3 passos listados na página 140.

Difficulty walking, blurred vision, slurred speech, slowed reaction times, impaired memory: Clearly, alcohol affects the brain. Some of these impairments are detectable after only one or two drinks and quickly resolve when drinking stops. On the other hand, a person who drinks heavily over a long period of time may have brain deficits that persist well after he or she achieves sobriety. Exactly how alcohol affects the brain and the likelihood of reversing the impact of heavy drinking on the brain remain hot topics in alcohol research today.

Disponível em: <http://pubs.niaaa.nih.gov/publications/aa63/aa63.htm>. Acesso em: 30 mar. 2011.

Main idea: _____

Sugestões adicionais

- Para mais informações sobre como identificar a ideia principal de um texto, e atividades para prática desta estratégia, visite o *site* <http://dhp.com/~laflemm/reso/mainIdea.htm> ou <http://www.ccis.edu/writingcenter/studyskills/mainidea.html>.
- Muitas vezes ideias principais de um texto aparecem de forma sucinta ou na primeira, ou na última frase do parágrafo. Experimente essa estratégia em textos que você já leu (neste livro, por exemplo); depois a aplique em textos que ainda não leu.
- Para praticar essa estratégia, recorte algumas pequenas notícias de jornais que tenham títulos. Depois, separe os títulos do resto da notícia e em seguida tente recompor os textos originais. Ao fazer isso, lembre-se de que, de certa forma, os títulos das notícias devem corresponder às ideias principais do texto. Se você não tiver acesso a textos impressos em inglês que possam ser recortados, uma alternativa é usar textos *on-line* e imprimi-los.
- Se você dá aulas de inglês, peça regularmente a seus alunos que, em pequenos grupos, identifiquem a ideia principal de pequenos textos. Os textos podem ser escolhidos pelos alunos.

29 >> IDENTIFICANDO AS IDEIAS GERAIS E AS IDEIAS ESPECÍFICAS EM UM TEXTO

A situação

Você lê um artigo sobre personalidade humana. Ao ler, pensa num amigo que tem muito interesse no assunto e procura ler o artigo com atenção, a fim de poder depois relatar o conteúdo para ele. No meio da leitura, você fica preocupado: "São tantas as informações dadas no texto! Será que preciso guardar todas essas informações a fim de relatar o texto para o meu amigo?"

O texto

The Sherlock Holmes of stuff

1 Ever wondered what your handshake, your CD collection, or even the way you
2 walk says about you? Or perhaps you have always wanted to be able to glance at a
3 colleague's office and instantly gain a stunningly accurate insight into their personality. If
4 so, *Snoop* is for you. In this charming and well-written book, academic psychologist Sam
5 Gosling brings a mass of research to bear on a simple question: just how much can you
6 really tell about a person from their possessions, living spaces and non-verbal behaviour?

7 Central to much of the work is the view, now held by many psychologists, that
8 personality consists of five main factors: extroversion, emotional stability, openness,
9 conscientiousness and agreeableness. The usual way of scoring someone for each of these
10 parameters involves asking them to complete a long and tedious questionnaire. Gosling,
11 however, argues that there are much quicker, yet still surprisingly accurate, ways of
12 assessing your friends, family and colleagues. All you have to do is snoop.

13 [...]

New Scientist, 28 jun. 2008, p. 50.

A estratégia

Alguns textos, como o acima, de fato contêm muitas informações, e essa riqueza de detalhes pode mesmo deixar o leitor confuso e inseguro. Para lidar com essa dificuldade, deve-se procurar distinguir a ideia geral do texto de seus detalhes. Como vimos na seção anterior, a ideia geral do texto pode ser identificada a partir da pergunta *What point is the author trying to make in this text?* Por outro lado, os detalhes de um texto consistem em informações que apoiam a ideia principal, fornecem exemplos e/ou comentários adicionais, dão esclarecimentos e justificativas. Num texto, é possível observarmos esses detalhes de forma explícita através do uso de marcadores do discurso tais como *for example* (e sua abreviação *e.g.)*, *that is* (e sua abreviação *i.e.*), *first, second, finally*, mas nem sempre esses elementos ocorrem num texto.

No texto acima, a ideia principal é que é possível caracterizar a personalidade de uma pessoa espiando-se os objetos, os espaços em que vive e o comportamento não verbal dessa pessoa. As outras informações dadas constituem detalhes do texto, respectivamente: o fato de que um psicólogo escreveu um livro sobre essa teoria; que
- a personalidade humana é normalmente caracterizada ao redor de 5 fatores; que estudos convencionais de personalidade normalmente usam questionários como instrumentos de pesquisa.

Para desenvolver a habilidade de distinguir a ideia geral de um texto de seus detalhes, represente visualmente a ideia geral e os detalhes específicos de textos simples (por exemplo, os textos achados numa enciclopédia para crianças tal como <http://www.factmonster.com/> ou <http://schools-wikipedia.org/wp/index/subject.htm>). Uma forma frequente de organizar tal representação visual é fazer um "mapa mental" (*mind map*) ou "teia de informações" (*information web*) em que o leitor escreve a ideia principal do texto lido num círculo do qual saem "pernas" que registram os detalhes específicos ao redor da ideia central. Com relação ao texto acima, uma *information web* poderia ser algo assim:

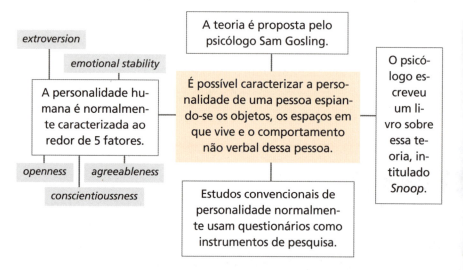

Note que os detalhes de um texto (no caso acima, os quatro retângulos maiores) podem ser ampliados através de seus próprios detalhes (como por exemplo os 5 retângulos menores). No esquema acima, o nome do psicólogo e o nome do livro poderiam ser representados como "detalhes do detalhe". Seria também possível adicionar mais detalhes para o retângulo que trata do uso de questionários (através dos adjetivos *long* e *tedious*).

Ao produzir um esquema com a ideia principal de um texto você pode optar por uma representação mais ou menos completa, dependendo do seu objetivo. Você pode também parafrasear o texto, escrevendo com suas próprias palavras, ou pode usar elementos do texto. Como visto acima, esta estratégia é especialmente útil na leitura de textos mais longos, que envolvem muitos detalhes. É útil, também, em testes e exercícios de leitura que focalizam especialmente a capacidade do leitor de identificar a ideia principal e • os detalhes de um texto.

Aplique a estratégia

1 > a. Leia o texto e identifique sua ideia geral e seus detalhes.

The upper edge of the Grand Canyon is forested with trees, bushes, and cacti. Every layer of the canyon contains some kind of life. You can see mule deer, coyotes, bighorn sheep, bats, and all kinds of snakes. More than 300 species of birds live there. The Grand Canyon is filled with all forms of life, from the top to the bottom.

Hood, Christine. *Summer Skills Daily Activity Workbook, Grade 5.* Nova York: Spark Publishing, 2007. p. 32.

Main idea: _____

_____

Details: _____

_____

b. Leia o texto novamente e responda: a ideia geral é apresentada de forma direta ou indireta?

_____

2 > Leia o texto e em seguida escreva sua ideia geral e os detalhes específicos no esquema a seguir.

Maps as art

Maps are works of art that need to be visually pleasing in order to convey information successfully. It was particularly difficult to distinguish 'maps' from 'art' before 1800, when they were sometimes the work of professional artists. Maps have always been collected as works of art and artists continue to be inspired by maps today.

Folheto da exposição *Magnificent Maps: Power, Propaganda and Art,* British Library, Londres, 30 abr.-19 set. 2010.

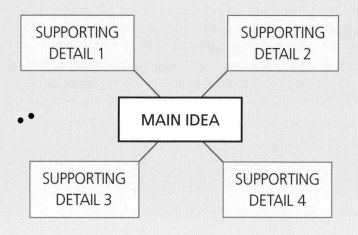

Sugestões adicionais

- Artigos de jornal costumam ser organizados começando pela ideia geral e apresentando informações mais específicas em seguida. Pratique a identificação desses elementos lendo artigos de jornais de diferentes países. Para ler esses jornais, busque na Internet "British newspapers", "South African newspapers", "Indian newspapers" etc.
- Se você dá aulas de inglês, ou se deseja praticar mais a estratégia, visite o *site* <http://www.eslflow.com/academicwritng.html>, e clique na seção "Exercises for topic & support sentences". Você encontrará muitos exercícios relacionados à identificação da ideia principal e dos detalhes de um texto.
- Para ler mais sobre diferentes formas de organizar visualmente a ideia principal e os detalhes de um texto, veja <http://www.informationtamers.com/WikIT/index.php?title=Information_map_types>.

30>> IDENTIFICANDO OS DIFERENTES PONTOS DE VISTA EM UM TEXTO

A situação

Você está lendo um artigo de jornal sobre um assunto que lhe interessa: o papel das novas tecnologias na educação dos jovens. Você acha, a princípio, que está acompanhando bem o argumento apresentado no texto. Mas, mais para o meio do texto, você não consegue mais acompanhar a argumentação, e não sabe bem por quê. Sua reação é achar que o texto é confuso e está mal escrito. Mas será isso mesmo? Ou será que você, como leitor, está deixando de usar uma estratégia importante: saber identificar diferentes pontos de vista apresentados num mesmo texto?

O texto

Gadgets offer a lesson to us all

Analysis Greg Hurst

1 The notion that today's young absorb information more effectively via computer is widespread. The Lord Chief Justice, Lord Judge, said last month that the jury system may need reform as people no longer learnt by listening while being talked at. His grandchildren used computers, he said.

5 Computer suites, access to laptops and – increasingly – handheld devices are popular with parents, pupils and teachers alike.

Yet evidence linking technology to higher attainment in schools is elusive. Academics cite how ministers become bewitched with interactive whiteboards; after vast investment, many teachers used them as they had blackboards.

10 Alan Smithers, Professor of Education at the University of Buckingham, said: "One thing about education is people get attracted to plausible narrative. It is quite difficult to get convincing evidence as, when people come up with ambiguous results, they get left aside and the narrative continues."

Dylan William, Professor of Educational Assessment at the University of London, 15 said simply having the technology made no difference, but giving iPhones to pupils did 16 offer the potential to engage and stretch each child.

The Times, 7 nov. 2009. p. 30.

A estratégia

Depois de examinar o texto cuidadosamente, você vai chegar à conclusão de que ele apresenta diferentes pontos de vista. Isso pode, a princípio, causar dificuldade ao leitor na identificação da argumentação proposta, mas no texto acima (como em muitos textos

Primeira pessoa é um conceito gramatical que se refere à pessoa que fala ou escreve. Pode ter duas formas: *I* (primeira pessoa do singular) ou *we* (primeira pessoa do plural).

Terceira pessoa é um conceito gramatical que se refere à pessoa de quem se fala ou escreve. Pode existir no singular (*he, she, it*) ou no plural (*they*).

Reporting verb é um verbo que tem a função de reportar o que é dito ou citado, por exemplo, *say, tell, respond, reply, observe.*

que lemos) a ideia geral é que não há consenso sobre o tema focalizado no texto, e que diferentes pessoas têm posicionamentos também diversos quanto a esse assunto – no caso, o efeito da tecnologia na educação dos jovens.

Você pode estar então se perguntando neste momento: "Mas, se um texto apresenta diferentes posicionamentos, como pode o leitor identicar tais diferenças?" Bem, um bom texto irá incluir pistas mais explícitas ou menos explícitas sobre a existência de diferentes ideias.

Pistas explícitas incluem o uso de termos que apontam diretamente para diferenças (tais como *different, contrary, contrasting, distinct, divergent, (an)other*) ou de palavras ou expressões que sinalizam ideias contrárias (como por exemplo *but, however, though, otherwise, yet,* entre outras). No texto acima, repare o uso de *yet* (linha 7) e das locuções *evidence ...is elusive* (linha 7), *difficult to get convincing evidence* (linhas 11-12).

Pistas menos explícitas, mas que podem indicar ao leitor a possibilidade de mais de um posicionamento no texto, incluem menção de nomes de pessoas diferentes, uso de verbos na primeira pessoa e na terceira pessoa, uso de *reporting verbs* que expressam discordância, tais como *deny, refute, disagree,* ou verbos que expressam concordância (*agree, support),* acompanhados de *not.* Exemplos de pistas menos explícitas no texto acima são: pessoas diferentes sendo citadas (Lord Judge, Alan Smithers, Dylan Williams), *reporting verbs* como *said* (linhas 2, 4, 10 e 15), *cite* (linha 8). O simples fato de três autoridades no assunto serem citadas deve gerar a suspeita de que há divergência sobre o assunto tratado!

A atenção para os itens listados acima ajuda na aplicação desta estratégia mas não é suficiente. Um bom leitor tem de estar continuamente se questionando sobre suas próprias interpretações, indo adiante e voltando no texto para monitorar sua compreensão, procurando elementos no texto que comprovem que seu entendimento faz sentido. Uma dificuldade atrelada à aplicação desta estratégia é que ela deve, às vezes, se sobrepor à noção de *topic sentence.* Isso acontece no texto acima. A frase inicial *The notion that today's young absorb information more effectively via computer is widespread* (linhas 1-2) pode levar o leitor a concluir, numa leitura rápida, que a frase apresenta a ideia geral do texto e que há consenso sobre a ideia, o que não é o caso.

Além de saber identificar os diferentes pontos de vista apresentandos num texto, ao ler um texto com diferentes posicionamentos, procure julgar os pontos de vista apresentados e estabelecer o seu próprio posicionamento quanto ao assunto. Por exemplo, após ler o texto acima, pense: Qual a sua opinião sobre o uso de tecnologias na educação? Como você poderia justificar essa opinião com base em elementos do texto? Um bom leitor saberá usar esta estratégia de maneira mais crítica ao ler textos que tratam de temas controversos (por exemplo, guerras, nova tecnologias, religião, decisões governamentais) de forma unilateral, sem chamar a atenção para o debate que há por detrás do tema. Sempre desconfie desses textos!

A aplicação desta estratégia é especialmente importante em textos argumentativos, em artigos de jornal sobre eventos no país e no mundo, sobre pesquisa científica (principalmente no que se refere a novas tecnologias). É também muito útil para a leitura de ficção, já que este gênero textual, por definição, envolve o ponto de vista de uma ou mais pessoas. Nas duas próximas seções voltaremos a tratar de estratégias relacionadas à identificação de diferentes perspectivas sobre um assunto.

Aplique a estratégia

1 > a. Leia o texto abaixo, assinalando o elemento que marca a introdução de uma perspectiva diferente no texto:

Arsenic-eating microbe may redefine chemistry of life

Alla Katsnelson

[...]

Scientists have long thought that all living things need phosphorus to function, along with other elements such as hydrogen, oxygen, carbon, nitrogen and sulphur. The phosphate ion, $PO_{4}3-$, plays several essential roles in cells: it maintains the structure of DNA and RNA, combines with lipids to make cell membranes and transports energy within the cell through the molecule adenosine triphosphate (ATP).

But Felisa Wolfe-Simon, a geomicrobiologist and NASA Astrobiology Research Fellow based at the US Geological Survey in Menlo Park, California, and her colleagues report online today in Science that a member of the Halomonadaceae family of proteobacteria can use arsenic in place of phosphorus. The finding implies that "you can potentially cross phosphorus off the list of elements required for life", says David Valentine, a geomicrobiologist at the University of California, Santa Barbara.

[...]

Disponível em: <http://www.nature.com/news/2010/101202/full/news.2010.645.html>.
Acesso em: 11 mar. 2011.

b. Leia o texto de novo e faça um pequeno resumo (em português) dos dois posicionamentos apresentados.

I. _____

II. _____

2 > No texto a seguir, o autor apresenta duas ideias diferentes. Leia-o e responda:

How I write

William Sutcliffe

The best thing about being a writer is that no one ever tells you what to do. The worst thing about being a writer is that no one ever tells you what to do. When you're on a roll, working on something that you think is good and you're free to keep going as long as you like, there's nothing better. Sometimes I'm jealous of myself. But when you're stuck, and you've spent days or months on things that you know are going to end up in the bin, well then it's not such fun. But even so, if you're making a living doing what you always wanted to do, I think you forego the right to whinge.

Time Out, August 6-12 2009. p. 50.

a. Quais são essas duas ideias?

(1) _____

(2) _____

b. A que ideias (1 e 2 acima) corresponde cada uma das frases do texto?

(   ) FRASE 1   (   ) FRASE 4

(   ) FRASE 2   (   ) FRASE 5

(   ) FRASE 3   (   ) FRASE 6

Sugestões adicionais

- A habilidade de saber identificar diferentes pontos de vista pode ser desenvolvida através da leitura de jornais *on-line*. Um bom artigo de jornal deve apresentar diferentes posicionamentos sobre um mesmo fato. Procure identificar diferentes posicionamentos em artigos nos *sites* <http://edition.cnn.com/> e <http://news.bbc.co.uk/>.
- Faça uma busca na Internet por textos sobre um assunto controverso de seu interesse (por exemplo, a clonagem de animais, a situação política no Oriente Médio, o uso de alimentos geneticamente modificados, o aborto, o fundamentalismo religioso). Selecione um ou dois textos e identifique neles diferentes posicionamentos sobre o assunto. Para tornar a tarefa ainda mais desafiadora, tente identificar no texto os elementos usados pelo autor para apresentar tais diferenças.
- Pratique esta estratégia lendo pequenos textos argumentativos e fazendo um pequeno resumo dos posicionamentos apresentados. Em seguida, pense: qual a sua opinião sobre esses posicionamentos? Para exemplos de textos argumentativos, você pode visitar o *site* <http://www.talkingpeople.net/tp/skills/writing/typesoftexts/argumentative_discursive.htm>.
- Se você dá aulas de inglês, explore algumas *Fairy Tales* com seus alunos pedindo-lhes que identifique os posicionamentos de diferentes personagens na mesma história (por exemplo, em *Snow White and The Seven Dwarfs*, como os seguintes personagens se sentem com relação à mordida da maçã: *Snow White, the Queen, the Dwarfs, the Prince*).

31>> IDENTIFICANDO DIFERENTES PERSPECTIVAS EM MANCHETES DE JORNAL

A situação

Você costuma ler diariamente a *homepage* de um jornal *on-line* em inglês. Um dia, porque está com um tempo sobrando, resolve explorar outros jornais também, mas algo lhe chama a atenção: apesar de ter havido dois eventos importantes no mundo nos últimos dias (um terremoto de proporções dramáticas no Japão e conflitos entre o governo e a população em Bahrain), os jornais parecem descrever tais fatos de formas bem diferentes. A começar pelas manchetes dos respectivos artigos. Você se pergunta se, para desenvolver sua habilidade de leitura em inglês e perceber os focos de diferentes reportagens de forma eficaz, pode lançar mão de alguma estratégia ao ler jornais *on-line*.

O texto

Manchetes de Jornal 1

> **JAPAN'S FUKUSHIMA NUCLEAR PLANT EVACUATED**

> **BAHRAIN UNLEASHES FORCES ON PROTESTERS' CAMP**

Disponível em: <http://www.guardian.co.uk/>. Acesso em: 16 mar. 2011.

Manchetes de Jornal 2

> **JAPANESE EMPEROR PRAYS FOR NATION AS RADIATION LEVELS REACH NEW PEAK**

> **BAHRAIN POLICE KILL TWO DEMONSTRATORS IN RAID**

Disponível em: <http://www.telegraph.co.uk/>. Acesso em: 16 mar. 2011.

A estratégia

Voz passiva é a forma de usar um verbo em que o receptor da ação funciona como sujeito da oração (por exemplo, *Hamlet was written by Shakespeare*). Nesse caso, "Shakespeare" é o agente da ação (*write*), mas não é o sujeito do verbo da frase (*was written*). A voz passiva é usada quando se quer dar destaque ao receptor/objeto e não ao agente da ação.

Oração (*clause*, em inglês) é uma sequência de palavras que contém um verbo, podendo ser uma frase completa ou parte dela. Em *I read the book that you recommended to me* há duas orações: *I read the book* e *that you recommended to me*.

Ao ler manchetes de jornal, é sempre importante lembrar que um mesmo fato pode ser relatado de maneiras diferentes, e que uma notícia de jornal apresenta, necessariamente, "uma" versão dos fatos relatados. A leitura cuidadosa dessas manchetes pode auxiliar o leitor a entender qual versão é privilegiada.

Nos exemplos acima, as manchetes tratam dos mesmos fatos: os efeitos radioativos após o terremoto que atingiu o Japão e os incidentes sociopolíticos em Bahrain. O jornal *The Guardian* (Jornal 1 acima) aborda ambos os eventos de forma mais indireta e distanciada: o evento no Japão é relatado através do uso da voz passiva, com foco na usina nuclear e omissão de agentes da ação (em outras palavras, não sabemos quem esteve envolvido no processo de evacuação da usina); o evento em Bahrain também é relatado indiretamente, de forma despersonificada, como se não houvesse pessoas nele envolvidas: a ação *unleashes forces* é atribuída à nação (*Bahrain*) e não a indivíduos.

O jornal *The Daily Telegraph* (Jornal 2 acima), por outro lado, assume uma postura mais emocional em ambas as manchetes: no caso do Japão, traz o Imperador do país como personagem principal na sua abordagem, e descreve suas ações sob a ótica religiosa (*prays*) diante de nova crise no nível da radioatividade emitida nas usinas danificadas pelo terremoto (*radiation levels reach new peak*). No caso dos eventos em Bahrain, novamente, a manchete é mais direta e emotiva por incluir personagens e ação dramática (*police kill two demonstrators*).

No contexto dos jornais em língua inglesa, é sabido que os *broadsheets* (por exemplo, *New YorK Times* nos EUA e *The Times* no Reino Unido) apresentam jornalismo mais sério, com cobertura e análise aprofundada dos eventos. *Taboid newspapers* (por exemplo, *The Enquirer* nos EUA e *The Sun* no Reino Unido), por outro lado, são conhecidos por apresentar notícias de cunho mais sensacionalista, com foco em escândalos, corrupções, assassinatos. Ao ler manchetes de jornais, é importante saber identificar a orientação do jornal lido, e seu público-alvo, pois o conteúdo do texto irá refletir esses fatores.

Para efeito de ilustração, vale comentar que, no mesmo dia em que as manchetes acima foram publicadas, os mesmos assuntos foram tratados da seguinte forma por outros jornais em língua inglesa:

		The earthquake in Japan	**The crisis in Bahrain**
Tabloids	Daily Mirror	*We're alive: Joy as young tsunami survivors are reunited*	[Assunto não presente]

		The earthquake in Japan	The crisis in Bahrain
Tabloids	Daily Mail	Don't give up! Japanese Emperor makes a rare TV appearance to urge his people on. But now they must face a new torture, the snow	[Assunto não presente]
Broadsheets	The Times	Radiation halts air mission	Military move against Bahrain protesters
	New York Times	Japan says 2nd reactor may have ruptured with radioactive release	Security forces rout protesters from Bahrain Square

Ao tentar identificar as diferentes perspectivas nessas manchetes, um leitor estratégico irá perceber que os tabloides de fato apresentam versões mais subjetivas sobre o terremoto no Japão, incluindo depoimentos emocionais de personagens envolvidos no evento, e vocabulário que também remete à emoção: *rare, urge, face, torture.* Os *broadsheets,* por sua vez, assumem uma postura mais distante e objetiva dos eventos. Não há menção a indivíduos específicos e os agentes de todas as ações abordadas nas manchetes envolvem substantivos impessoais (*radiation, Japan, military move, security forces*). A percepção de que há versões tão diferentes para um mesmo evento poderia até levar o leitor a se indagar sobre tais manchetes em outros jornais, por exemplo: Como os eventos estariam sendo relatados no Japão e em Bahrain? Como estariam sendo relatados em países onde outros eventos dramáticos ocorreram recentemente?

A identificação de diferentes perspectivas em manchetes de jornal está associada a outras estratégias, tais como a identificação da ideia principal de um texto e o apoio em imagens e características tipográficas, já que comumente esses destaques realçam o ponto de vista que o texto privilegia. Um leitor crítico deverá estar atento a essas variações e saberá avaliar as implicações das diferentes escolhas que um autor faz ao escrever um texto.

Como em outras estratégias, há riscos associados à identificação de diferentes perspectivas na leitura de manchetes de jornal. Um deles é fazer generalizações exageradas a partir da leitura de uma pequena amostragem de manchetes. Ao aplicar esta estratégia, você deve tratar suas conclusões como "hipóteses" que precisam de mais elementos para ser confirmadas. Tais hipóteses podem ser verificadas, por exemplo, através da leitura integral dos respectivos artigos, ou do acompanhamento de outras manchetes e outros artigos durante um ou mais dias.

Aplique a estratégia

1 > As manchetes abaixo foram retiradas de jornais *on-line* em um mesmo dia. Leia as manchetes e responda:

GIRL, 14, IS STABBED OUTSIDE SCHOOL

Disponível em: <http://www.thetimes.co.uk/tto/news/>. Acesso em: 1 abr. 2011.

GIRL, 14, AIRLIFTED TO HOSPITAL AFTER BEING KNIFED 'NINE TIMES BY 18-YEAR-OLD MAN' AS SHE ARRIVED AT SCHOOL

Disponível em: <http://www.dailymail.co.uk/home/index.html>. Acesso em: 1 abr. 2011.

GIRL, 14, STABBED OUTSIDE MIDLANDS SCHOOL

Disponível em: <http://www.telegraph.co.uk/>. Acesso em: 1 abr. 2011.

a. Qual o assunto tratado pelas manchetes?

_____

b. Elas abordam o assunto sob a mesma perspectiva? Se sim, de que forma? Se não, em quais aspectos a abordagem diverge?

_____

_____

Sugestões adicionais

- Pratique essa estratégia lendo manchetes sobre um mesmo fato em jornais de diferentes países. Para ler esses jornais, busque na Internet "Canadian newspapers", "Irish newspapers", "American newspapers" etc. Outra fonte de referência é o *site* <www.newseum.org/todaysfrontpages>, que publica as primeiras páginas de centenas de jornais de mais de 80 países. Você pode organizar sua busca por jornais de regiões específicas.
- Em um ou mais jornais *on-line*, selecione algumas manchetes para leitura. Após ler as manchetes, faça algumas previsões sobre o conteúdo do texto integral. Depois, leia os artigos e verifique suas previsões.
- Acompanhe dois jornais por algum tempo (por exemplo, um *broadsheet* e um *tabloid*), observando diferenças entre suas manchetes. As diferenças observadas podem estar relacionadas a vocabulário (Quais tipos de verbos são usados? Quem ou o que costuma ser o agente dos eventos focalizados?) ou a recursos tipográficos (imagens, cores e tamanho de fontes tipográficas, uso de negrito, itálico).

32» IDENTIFICANDO POSICIONAMENTOS A PARTIR DOS VERBOS USADOS NO DISCURSO INDIRETO

A situação

A leitura de um artigo de jornal causa-lhe dificuldade porque há mais de uma pessoa envolvida no relato e parece haver diferentes versões acerca de um mesmo fato. Você não consegue distinguir com clareza quem alega o quê, o que é fato e o que é opinião, em que pontos as pessoas divergem ou convergem em suas opiniões. Você se pergunta se há alguma estratégia de leitura que possa esclarecer algumas dessas dúvidas.

O texto

Prostitute guilty of taking man's wallet

1 By Paul Cassell
March 22, 2011

A prostitute accused of burgling a flat in West Reading and stealing a wallet was convicted of a lesser charge of theft on Thursday.

5 Laura Stoute denied the charge and claimed she was invited there by the tenant who propositioned her for sex.

But a jury at Reading Crown Court unanimously convicted her of the alternative charge.

[…]

10 Giving evidence on Tuesday, flat tenant David Paterson told the jury he woke with a start to find Stoute by his bedside at around 1.30am.

"I screamed because I was frightened to find a stranger in my flat," he said.

Mr Paterson claimed Stoute told him she was looking for the previous tenant and he replied he had been living in the block for only six weeks.

15 The court heard she then asked to use the toilet and Mr Paterson gave permission, before she asked him if he smoked and he replied no, after which she left the flat.

A short time later Mr Paterson got up and noticed his wallet – containing £10 cash and bankcards – had gone missing but did not contact police straightaway because he "didn't think it was worth it".

20 […]

Disponível em: <http://www.getreading.co.uk/news/s/2089753_prostitute_guilty_of_taking_mans_wallet>.
Acesso em: 31 mar. 2011.

A estratégia

Um texto pode apresentar posicionamentos de diversas pessoas e a atenção nos verbos usados para apresentar tais posicionamentos pode nos auxiliar a perceber se estes são semelhantes, complementares ou mesmo divergentes. No texto acima:

- *Mr Paterson claimed Stoute told him she was looking for the previous tenant* (linha 13): por esse trecho não se pode ter certeza sobre o que Stoute disse: o que se pode deduzir pela leitura do trecho é que Mr Paterson alegou que Stoute disse estar procurando por alguém.
- *Laura Stoute [...] claimed she was invited there by the tenant who propositioned her for sex* (linhas 5 e 6): o texto nos permite concluir que Laura Stoute alegou que foi ao apartamento por ter sido convidada pelo inquilino.

O uso do verbo *claimed* nos dois trechos acima indica que o autor do texto quis manter-se neutro em relação aos dois relatos e não endossou nenhum dos dois. Pelo contrário, sua escolha do verbo *claim* sugere que ele quer ressaltar a incerteza quanto à veracidade dos dois relatos. A única certeza que podemos ter a partir da leitura dos dois trechos acima é que tanto Mr Paterson quanto Laura Stoute fizeram algum tipo de alegação!

Teríamos um entendimento diferente da situação se, por exemplo, ao invés de *Mr Paterson claimed Stoute told him she was looking for the previous tenant,* o texto apresentasse alguma dessas opções:

- (1) *Mr Paterson believed that Stoute told him she was looking for the previous tenant*
- (2) *Mr Paterson indicated that Stoute told him she was looking for the previous tenant*
- (3) *Mr Paterson said Stoute told him she was looking for the previous tenant*
- (4) *Mr Paterson demonstrated that Stoute told him she was looking for the previous tenant*

A partir da leitura de (1), (2) e (4), não podemos ter certeza de que tenha havido uma alegação. Através da leitura de (1) podemos concluir que Mr Paterson acreditava (sem necessariamente ter certeza) que Stoute tinha lhe dito algo. Lendo-se (2) e (4), concluímos que Paterson deu alguma indicação (verbal ou não verbal) no mesmo sentido. O uso de *said* em (3) é semelhante ao uso original de *claim* no sentido de que Paterson disse algo, mas *said* não sugere a mesma incerteza quanto a *told* em *Stoute told.* Essa certeza é indicada ao leitor, porém, através do uso de *demonstrated.*

Como visto, o entendimento dos *reporting verbs* usados num texto é essencial para se construir um sentido dos posicionamentos dos indivíduos mencionados, bem como para o leitor inferir o que é fato ou opinião e certeza ou incerteza quanto ao assunto do texto.

Esta estratégia é especialmente importante na leitura de ficção e artigos de jornais sobre crimes, julgamentos, guerras, debates quanto a temas controversos, entre outros. Num artigo de jornal sobre conflitos recentes no Oriente Médio, lê-se em destaque que "Lebanon has detained at least two Syrian soldiers who crossed its border to escape clashes between security forces and protesters, activists say" • (http://www.bbc.co.uk/news/world-middle-east-13426719, acesso em 3/7/2011). Apesar de o verbo usado (say) indicar que de fato tal depoimento foi dado, não se tem clareza de quem são os *activists* que fizeram tal depoimento, nem de sua confiabilidade. É importante que o leitor esteja atento a esses detalhes, pois seria um equívoco entender os relatos acima como, por exemplo, relatos oficiais, ou de testemunhas locais, ou de órgãos internacionais para paz.

Ao ler um texto em que aparecem *reporting verbs,* pergunte-se todo o tempo durante a sua leitura se você está focando a sua atenção nesses verbos. Se possível, sublinhe-os durante a leitura e vá verificando suas interpretações continuamente.

Aplique a estratégia

1 > a. Leia o texto abaixo e observe com atenção o uso dos verbos sublinhados.

Hearing risk of MP3 players

By Daily Telegraph Reporter

British teenagers are risking their hearing by playing their MP3 players at high volume, a study <u>has claimed</u>.

Experts <u>warned</u> that some music players can top 100 decibels when played at full volume, which can damage hearing after 15 minutes. Longer exposure to 80-85 decibels can also cause hearing loss. A survey of more than 4,400 people worldwide, including 737 Britons aged 14 to 65, was carried out by the Hear the World campaign. Of the 459 Britons surveyed aged 14 to 19, 85 per cent <u>admitted</u> they set their MP3 player at more than half volume, while 9 per cent said they always put the volume as high as it will go.

Robert Beiny, a leading audiologist, <u>said</u>: "Increasing numbers of teenagers and adults are exposing their hearing to dangerous levels of noise. Research shows that those who listen to music at high volumes risk going deaf 30 years earlier than their parents' generation."

The Daily Telegraph, 6 dez. 2010. p. 6.

b. Utilizando os verbos do quadro abaixo, escreva na coluna da direita da tabela, para cada um dos verbos listados na coluna da esquerda, as alternativas que poderiam ter sido usadas pelo autor sem mudança significativa de sentido no texto.

| argued proposed told suggested answered accepted |
| replied denied responded supported estimated |

(has) claimed (linha 3)	
warned (linha 4)	
admitted (linha 8)	
said (linha 11)	

2 > O texto a seguir reporta um fato e inclui o posicionamento de duas pessoas. Leia o texto e responda:

a. Os dois posicionamentos são semelhantes ou diferentes?_____

b. A resposta acima poderia ser inferida apenas pelo entendimento do *reporting verb*? Por quê?

_____

_____

A flamboyant MP has been ejected from Kenya's parliament for wearing an ear stud. When Gidion Mbuvi arrived at the chamber, the deputy speaker, Farah Maalim, told him: "Never in the history of this House have I seen a situation in which a member of the parliament, who is a male, come in with earrings."

One minister, Bifwoli Wakoli, supported the deputy's speaker ruling: "In the history of this world since God created man, man has never imitated woman."

The Sunday Times, News Review, 6 mar. 2011. p. 14.

Sugestões adicionais

- Para testar essa estratégia, leia artigos em jornais impressos ou *on-line* que descrevem eventos e reproduzem depoimentos de pessoas envolvidas nesses acontecimentos. Observe com atenção o uso de *reporting verbs* e tente identificar se as pessoas envolvidas têm posicionamentos similares ou divergentes sobre o assunto.
- Para ler mais sobre *reporting verbs*, visite os seguintes *sites*: <http://tls.vu.edu.au/SLS/slu/ReadingWriting/Referencing/ReportingVerbs/ReportingVerbs.htm> <http://www2.warwick.ac.uk/fac/soc/al/learning_english/leap/grammar/reportingverbs/> <http://www.gcal.ac.uk/student/coursework/writing/reporting.html> <http://www.adelaide.edu.au/clpd/all/learning_guides/learningGuide_reportingVerbs.pdf>.

33» COMPREENDENDO A ORGANIZAÇÃO DE UM TEXTO

A situação

A leitura de um texto em inglês sobre o átomo causa-lhe dificuldade. Você tem a impressão de que não é o vocabulário em si que torna a leitura do texto difícil, mas sim a estrutura do texto. Esta parece ser complexa, dando-lhe a impressão de que, para entender o texto, você precisa "desmontá-la". Considerando que essa seja a dificuldade na sua leitura, você se pergunta: "Será que posso lançar mão de alguma estratégia para facilitar meu entendimento da organização deste texto e, por consequência, melhor entendê-lo de forma mais ampla?"

O texto

An atom

1 An atom has a central part called the nucleus. This contains the sub-atomic particles
2 named protons and neutrons. Each proton has electrical charge, almost like a tiny
3 electrical battery, but not both positive and negative – only positive. Neutrons are the
4 same size as protons but they have no electrical charge. Electrons are much smaller than
5 protons and neutrons. They are not in the nucleus. They whizz around it, in layers
6 known as shells. Electrons in the outershells have more energy than those in the inner
7 shells. Each electron also has an electric charge, which is negative – opposite to the charge
8 of the proton. Usually an atom has the same number of protons and electrons. So the
9 positives and negatives are equal, which means the whole atom has no electrical charge.

Graham, Ian; Taylor, Barbara; Farndon, John; Oxlade, Chris. *Science Encyclopedia*. Bath: Paragon, 1999. p. 16.

A estratégia

O texto acima (um texto informativo, encontrado em uma enciclopédia para crianças) é organizado de forma criteriosa e o entendimento dessa organização pode guiar o leitor no entendimento das informações apresentadas.

Se fôssemos representar a estrutura interna do exemplo acima de forma esquemática, observaríamos uma estrutura textual como na figura a seguir, em que S1, S2 etc. indicam *Sentence 1*, *Sentence 2* etc.

Observe-se que, ao escrever o texto acima, os autores "teceram" as ideias apresentadas como se fosse uma costura, sempre adicionando uma ideia nova de forma que ela se conectasse às ideias já

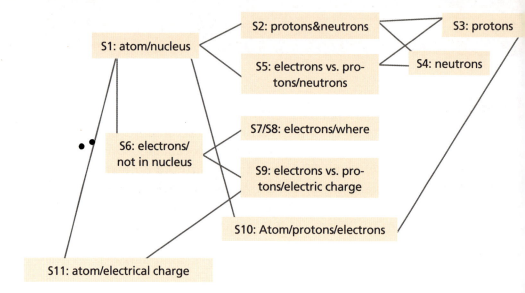

apresentadas. O texto é iniciado com a apresentação das noções de *atom* e *nucleus* (S1), e então se apresentam os elementos *protons* e *neutrons* (primeiro de forma geral, em S2; depois, dando-se detalhes de cada um deles, em S3 e S4). Em seguida, introduz-se um novo elemento no texto: *electrons*, mas esta apresentação retoma as noções já vistas de *protons* e *neutrons* (S5), bem como *nucleus* (S6). Neste ponto, é como se o texto voltasse ao início, juntando todas as ideias já apresentadas. Daqui se parte para a adição de detalhes sobre *electrons*, com foco na sua localização. Esta noção tinha sido iniciada em S6 (*not in the nucleus*) e é ampliada em S7 (*around the nucleus, in shells*). S8 traz uma nova ideia, a noção de carga elétrica, mas essa noção é explicitamente ligada à ideia de *shells* da frase anterior. Da mesma forma, S9 retoma e expande a ideia anterior; retoma, também, a noção de *protons*. Esse "vai e vem", juntamente com a adição de novos elementos, mostra como os elementos do texto funcionam como uma linha que garante o acréscimo e a fixação da "costura textual". Cada vez mais, nota-se que todos os elementos estão conectados e que o entendimento de um auxilia o entendimento do outro. As duas frases finais do texto alinhavam essa costura, voltando à noção inicial de *atom* e esclarecendo como tudo o que foi dito se refere aos elementos do átomo apresentados no texto (S10) e à ideia de carga elétrica (S11). Com isso, o "tecido textual" fica pronto, apresentando todas as ideias de forma sistemática, gradual e cumulativa.

Um texto bem escrito terá sempre uma organização cuidadosa, e se o leitor souber entender essa organização ele poderá superar eventuais dificuldades com o vocabulário ou com o tópico do texto e usar tal organização como forma de prever, verificar e compreender as ideias do texto. No texto acima, por exemplo, o entendimento dessa "costura textual" oferece ao leitor inúmeras oportunidades para se compreender a caracterização dos elementos do átomo e da ideia de carga elétrica associada a esses elementos, e assim sucessivamente.

Não existe um único tipo de organização textual. Ao escrever, um autor deve selecionar uma estrutura que ache ser apropriada para o encaminhamento de suas ideias. Em termos mais gerais, poderíamos dizer que o texto acima segue a estrutura *given-new* comumente encontrada em textos. Neste tipo de estrutura, começa-se por uma informação já dada (*given*) e daí se segue para uma nova (*new*) informação.

Alguns tipos de estrutura frequentemente encontrados em textos são:

(1) Given – New
(2) (situation) Problem – Solution
(3) Compare – Contrast
(4) General – Specific
(5) Cause – Effect

Lembre-se: a importância da aplicação desta estratégia vai além da simples identificação da estrutura usada na organização do texto. Sua finalidade é sobretudo partir do entendimento dessa estrutura para um entendimento mais global dos pontos apresentados e das conexões entre as várias partes e elementos do texto. Quanto mais você praticar, mais ágil ficará nesses entendimentos, e mais eficaz será sua leitura.

Aplique a estratégia

1 > Leia o texto abaixo e faça, numa folha de papel, uma representação esquemática (como feito acima, com relação ao texto *An atom*) da sua estrutura.

GOING GREEN

The most environmentally-friendly way of getting around the city in on foot or by bike. Walking is one of the best ways of getting a feel for the city and most major landmarks are within easy reach of each other. It's also a great idea to offset the carbon emissions generated by any flights there. For walking and cycling tours and more tips on how to be a green traveller, check out visitlondon.com/green.

Also be sure to recycle this guide, either literally or passing it on to another traveller for their trip.

Folheto *Welcome to London: Information to start your visit*, Autumn/Winter 2010/11. p. 14.

2 > Leia o texto a seguir e marque a alternativa que melhor descreve a organização do texto.

MISSING PERSONS
If someone is missing, it doesn't mean they're forgotten

Even with the best efforts of family, friends and social services, some people go missing. Their absence leaves a hole in people's lives that will never be filled until they return. Current systems for locating them have some success – but never enough. For people to be found, sometimes they have to know that somebody is looking for them.

Helpmefind.org.uk is innovative because it allows details to be posted by people trying to find someone; and also by someone wanting to be found. The site is safe and no messages will be passed on without security checks. Messages are communicated in the form specified by the user. At all times, they are in control.

Folheto *Is someone looking for you?*, Helpmefind.org.uk.

a. ( ) Given – New
b. ( ) Cause – Effect
c. ( ) Problem – Solution
d. ( ) Compare – Contrast

Sugestões adicionais

- Para testar essa estratégia, examine alguns textos sobre o mesmo tópico e tente responder: eles estão organizados da mesma forma? Que estrutura(s) usam?
- O padrão *situation-problem-solution* é muito comum em contos de fadas e histórias infantis de um modo em geral. No *site* <http://www.kidsgen.com/short_stories/> você encontra algumas dessas histórias. Leia-as e verifique se elas seguem este padrão. Se possível, identifique os locais no texto onde as partes começam e terminam, observando os recursos utilizados pelo autor para sinalizar o início de uma nova parte.
- Se você dá aulas de inglês, estimule sempre seus alunos a representarem visualmente a estrutura de textos lidos. Nos *sites* <http://www.eduplace.com/graphicorganizer/> e <http://edhelper.com/teachers/graphic_organizers.htm> você pode encontrar inúmeros *templates* que servem para essas representações.

34» OBSERVANDO OS MARCADORES DO DISCURSO PARA ENTENDIMENTO DA ESTRUTURA DE UM TEXTO

A situação

Você lê, com interesse, um texto sobre *body language* utilizado ao iniciar uma conversa no trabalho. Mas acha o vocabulário difícil: há muitas palavras que desconhece e você não está conseguindo inferir o significado de muitas delas usando outras estratégias, tais como o apoio em palavras transparentes ou o foco no contexto mais global do texto. Você tem a ideia, então, de tentar entender a organização do texto e nota que a maioria das frases é iniciada por termos que provavelmente indicam a relação entre as ideias apresentadas. Mas você fica confuso com relação à frase final do primeiro parágrafo, em que se lê: *Conversely, when we feel angry we tense up, clench our fists, and tighten our jaws, so that being persuaded to loosen up can have the opposite effect of what is intended and we won't feel as angry*. Você imagina que essa frase deva estar relacionada de alguma forma com o início do parágrafo, mas não consegue entender se tal relação expressa condição, causa, consequência, exemplo, ou alguma outra ideia. Você também suspeita que a chave para esse entendimento esteja na palavra *conversely*, pois afinal é ela que faz a ligação entre as duas frases que formam o parágrafo. Você pensa: "Será que o entendimento de palavras que conectam duas frases pode me auxiliar na leitura de um texto?"

O texto

1 Discussing the subject of bullying at work, one expert pointed out that when
2 someone is bullied, he may feel depressed, making him slump down and lean forward.
3 If the person being bullied stands up straight instead, he won't feel as depressed.
4 Conversely, when we feel angry we tense up, clench our fists, and tighten our jaw, so that
5 being persuaded to loosen up can have the opposite effect of what is intended and we
6 won't feel as angry.
7 What this means is that you need to find a way to gently break the ice. One way is
8 to offer tea or coffee. Though this many sound simplistic, it is nevertheless the case that
9 people find it difficult to raise a cup to their mouths with their legs crossed, and totally
10 impossible with their arms crossed. Thus, by such a simple procedure, you enable your
11 closed individual to literally open up.

Ribbens, Geoff and Thompson, Richard. *Understanding Body Language*. Hauppauge, NY: Barron's, 2000. p. 25.

A estratégia

Você estava certo ao observar que o entendimento da palavra *conversely* ajudaria a compreender a relação entre a frase que a antecede e a frase que ela inicia. *Conversely* é um marcador de discurso (em inglês, *discourse marker*) que significa "de modo inverso", indicando que a relação entre a ideia que antecede o *discourse marker* e a que o segue é uma ideia de contraste.

Marcadores do discurso (elementos também conhecidos como *transition words* ou *cohesion markers*) têm função de conectar e facilitar o desenvolvimento das ideias em um texto, portanto sua identificação auxilia o leitor a compreender a organização do texto lido. A tabela a seguir apresenta algumas das noções expressas por marcadores do discurso, bem como alguns exemplos desses termos.

IDEA	EXAMPLES
Addition	*too, moreover, on top of that, in addition, as well, also*
Contrasting ideas	*however, nevertheless, but, even so, whereas, on the contrary*
Concession	*although, even though, though, despite, in spite of*
Cause	*because, due to, given that, for this reason*
Consequence	*therefore, thus, consequently, so (that), then*
Purpose	*so that, in order to, so as to*
Examples	*for instance, for example*
Emphasis	*actually, indeed, in fact, as a matter of fact*
Conclusion	*in sum, in conclusion, to sum to, in short*
Change of subject	*as far as ... is concerned, regarding, as regards, as far as*
Condition	*if, as long as, unless*
Rephrasing/Giving alternatives	*in other words, that is, instead of*
Giving/Reporting opinion	*in my opinion, according to*

No texto acima, o uso de diversos *discourse markers* permite ao leitor que identifique as ideias apresentadas no texto e entenda como elas são conectadas. A fim de identificar essas ideias, pode-se fazer uma leitura rápida do texto, à procura dos *discourse markers*. Tal leitura levaria à observação do seguinte vocabulário, na sequência apresentada:

> if – instead – conversely – so that – and – what this means is that – though – nevertheless – and – thus

A sequência acima, por sua vez, sugere que as ideias apresentadas no texto seguem a seguinte ordem:

condição – alternativa – contraste – finalidade – adição – paráfrase – concessão – contraste – adição – consequência

O entendimento das ideias apresentadas é importante na leitura do texto, uma vez que, mesmo que não entenda detalhes dos pontos apresentados, o leitor pode fazer uma inferência mais fundamentada se compreende as ideias apresentadas pelos *discourse markers* utilizados.

Desta forma, esta estratégia é especialmente recomendável em textos mais longos, em que muitas ideias são apresentadas. É também recomendável em textos cujo vocabulário é difícil para o leitor – pelos *discourse markers* pode-se entender muito sobre o texto!

Discourse markers são usados em diversos tipos de textos e gêneros textuais, mas são mais frequentes em textos que tratam de assuntos controversos. A dificuldade para o uso desta estratégia reside no fato de que sem sempre *discourse markers* são empregados para expressar determinadas ideias – às vezes essas ideias são apresentadas de forma implícita. No texto acima, por exemplo, a maioria dos *discourse markers* poderia não estar presente do texto: com exceção de *if*, todos os outros são de certa forma dispensáveis na estrutura do texto. Em outras palavras, sua presença funciona mais como um guia para o leitor do que como um elemento indispensável para o texto estar correto gramaticalmente.

Aplique a estratégia

1 > Leia o texto e observe os *discourse markers* sublinhados. Em seguida, faça a correspondência entre os *discourse markers* e as relações que eles indicam.

Helmet Basics

Bicycle helmet use should not be optional for anyone in your family, no matter where you are or how short the ride. In many states it's the law.

<u>Here's why</u>: Many bike accidents involve a head injury, <u>so</u> a crash could mean permanent brain damage or death for someone who doesn't wear one while riding. <u>In fact</u>, each year in the United States, about half a million kids are seriously injured in bicycle-related accidents, <u>and</u> most of those injuries could have been avoided <u>if</u> a helmet was worn.

Disponível em: <http://kidshealth.org/parent/firstaid_safe/outdoor/bike_safety.html#cat152>. Acesso em: 3 abr. 2011.

a.	here's why	(	) ênfase
b.	so	(	) condição
c.	in fact	(	) causa
d.	and	(	) adição
e.	if	(	) consequência

2 > a. Leia o texto rapidamente, à procura de *discourse markers*. Ao identificá-los, sublinhe-os.

Issues In Crossbreeding

Crossbreeding has actually been successfully used with conventional crops for a number of years. Yet, the process of genetic engineering is different than the facilitation of a more 'natural' crossbreeding. With genetic engineering, the process is far more complicated in comparison with conventional crossbreeding that tended to involve two types of the same species – or similar species.

There are grave fears about genetic engineering that involves two vastly different species because the potential for unexpected consequences is seen as a greater issue and one that has a higher likelihood. For instance, genes that are 'mixed' between animals and plants are one concern regarding GM foods. Tomatoes that have been engineered to have a longer shelf life had genes inserted from flounder.

This kind of genetic manipulation will clearly provide financial benefits but there is concern that it may trigger some kind of disease to be spread across different species. Another issue in this type of animal-plant transfer of genes relates to vegetarians and in particular, vegans. Given that these groups of people choose not to consume animal products, a gene from an animal in a plant food is a major issue, ethically speaking.

Disponível em: <http://www.geneticallymodifiedfoods.co.uk/unexpected-consequences-gm-foods.html>.
Acesso em: 3 abr. 2011.

b. Com base nos *discourse markers*, responda: como as ideias do texto são estruturadas?

_____

_____

c. Leia o texto e reflita: a identificação e entendimento dos *discourse markers* facilitou a sua leitura?

_____

Sugestões adicionais

- Para praticar essa estratégia, é importante ter um bom conhecimento dos *discourse markers* na língua inglesa e das ideias que eles representam. Para ler mais sobre esses elementos e ter acesso a uma extensa lista, visite <http://www.smart-words.org/transition-words.html>.
- Com uma lista de *discourse markers* à mão como referência, leia um texto impresso ou *on-line* de sua escolha e anote numa folha separada os *discourse markers* nele utilizados. Em seguida, tente "reconstruir" oralmente as ideias desenvolvidas no texto a partir dos *discourse markers* listados.
- Se você dá aulas de inglês, uma forma acessível de apresentar a noção de *discourse markers* para os seus alunos é pedir-lhes que leiam um texto em que esses elementos já venham destacados (em negrito, por exemplo). Ao apresentar o texto, peça a seus alunos que observem os termos grifados e que, em pares, identifiquem as ideias por eles apresentadas.

35>> VISUALIZANDO UM TEXTO DURANTE A LEITURA

A situação

Você está lendo *An Inspector Calls*, uma peça de teatro escrita por J.B.Priestley. Você ainda está lendo o primeiro ato. Cinco personagens já apareceram até o ponto em que está na sua leitura: O casal de meia-idade Arthur e Sheila Birling, seus filhos adultos Sheila e Eric, e Gerald. Todos estão sentados ao redor de uma mesa, comemorando o noivado de Sheila e Gerald. Você acompanha o texto com interesse, e ignora eventuais partes que não compreende. Ao ler o trecho a seguir, você percebe que, mais do que palavras no papel, vê imagens em sua cabeça durante a leitura. Você hesita, "Será que estou me dispersando? Será que, ao ver esse "filme" na minha cabeça, estou deixando de atentar para algo importante no texto?".

O texto

1   [...]
   BIRLING *(raising his glass)* So here's wishing the pair of you – the very best that life can bring. Gerald and Sheila.
   MRS B.   *(raising her glass, smiling)* Yes, Gerald. Yes, Sheila darling. Our
5 congratulations and very best wishes!
   GERALD Thank you.
   MRS B.   Eric!
   ERIC   *(rather noisily)* All the best! She's got a nasty temper sometimes – but she's not bad really. Good old Sheila!
10 SHEILA   Chump! I can't drink to this, can I? When do I drink?
   GERALD You can drink to me.
   SHEILA   *(quiet and serious now)* All right then. I drink to you, Gerald.
13   *For a moment they look at each other.* [...]

Priestley, J.B. *An Inspector Calls.* Oxford: Heinemann, 1945. p. 4 e 5.

A estratégia

Se você "viu" a cena acima na sua cabeça enquanto ia lendo o texto, muito bem! Você não estava se dispersando; pelo contrário, ao visualizar o texto você estava usando uma estratégia de leitura que costuma ser usada por leitores eficientes.

Visualizações podem ser feitas de várias formas. Textos como o acima (e textos similares, como por exemplo *scripts* de filmes ou diálogos em livros) são visualizados em forma de "filme": ao ler, o leitor imagina a cena descrita em sua cabeça, ativando a percepção dos sentidos para acompanhar o texto de forma sensorial. Em muitos casos essa percepção sensorial pode ir além da simples visualização dos movimentos descritos no texto, incluindo também a audição do que é dito. No exemplo acima, por se tratar do *script* de uma peça de teatro, é aconselhável ler o texto tentando visualizar o que os personagens estão dizendo e fazendo – e como estão falando. Explicitamente, o texto "avisa" ao leitor que ele deve ver sorrisos (ao ler *smiling*, linha 4) e brindes (*raising his/her glass,* linhas 2 e 4) e ouvir vozes mais altas (como a de Eric, linhas 8 e 9). Há indicações adicionais através do uso de pontuação (por exemplo, *Eric!*, linha 7, deve ser "ouvido" com entusiasmo).

Diálogos em textos em prosa também serão lidos com mais envolvimento por parte do leitor se ele procurar visualizar o texto. Um diálogo bem escrito dará ao leitor informações de como os personagens expressam suas ideias. O texto incluirá, além de verbos mais "neutros", tais como *said, answered* ou *told,* verbos que indicam a maneira como as palavras foram ditas (por exemplo, *whispered, shouted, hesitated, laughed,* entre outros). Além da atenção a esses e outros verbos que indicam *ways of talking*, para uma boa visualização de um texto é importante atentar para os verbos que indicam *ways of moving* (por exemplo, *walk, rush, tiptoe, limp, crawl, stride, stroll*) e *ways of looking* (por exemplo, *glance, gaze, peek, skim, stare, peep*). A língua inglesa contém um vasto repertório de verbos como esses e eles tendem a causar dificuldade ao leitor brasileiro. Ao ler textos que incluem esses verbos é sempre uma boa ideia ter um dicionário à mão para tornar a visualização mais precisa.

Outra forma de visualização ocorre, não de forma sequencial como num filme, mas de forma mais estática, como numa fotografia. Esse tipo de visualização está associado a descrições de locais ou de pessoas (tais descrições são comumente encontradas no início de romances ou contos). Um leitor que, ao ler num romance a descrição de uma casa, consegue visualizar tal casa, em todos os detalhes decritos pelo autor, certamente conseguirá um entendimento mais amplo do texto do que um leitor que "passa os olhos" na descrição, entende o vocabulário, mas não se preocupa em elaborar visualmente o texto lido.

Novas tecnologias vêm criando novas formas possíveis de visualizar um texto. Uma tecnologia recente é *data visualization*, que é uma forma popular de manusear textos a fim de representá-los de forma visual. Por exemplo, ao colocar o texto acima no *site* <http://www.wordsift.com/>, o programa nos dá a seguinte representação visual do texto:

> [...] b bad **best** birling bring cant chump congratulation darling **drink** eric **gerald** glass good here life look moment **mrs** nasty noisily old pair quiet **raising** really right serious sh **sheila** smiling temper thank wish wishing —

Function word é uma palavra que, ao contrário de uma *content word*, carrega pouco ou nenhum significado e tem a função de estabelecer relações gramaticais entre ela e outras palavras. Por exemplo, em *The writer of the book has arrived*, são *function words the, of, has*.

O que este programa faz é apresentar as palavras do texto em ordem alfabética, sendo que o tamanho de uma palavra está diretamente relacionado com sua frequência no texto: quanto maior a palavra, mais frequente ela é no texto. No exemplo acima, por exemplo, temos *Gerald* e *Sheila* como as palavras mais frequentes, seguidas de *drink. Eric, glass, mrs* e *raising* também se destacam, mas são menores que *drink.* Note-se que, ao calcular a frequência das palavras no texto selecionado, o programa exclui as function words do texto. Isso é importante porque, se essas palavras fossem contadas as visualizações da maioria dos textos dariam destaque para palavras como *the, is, that,* entre outras.

O *site* <http://www.wordle.net/> também se apoia na noção de frequência das palavras que compõem um texto para gerar visualizações em que o usuário pode formatar fontes, cores e *layouts*. Observe-se que essas visualizações baseadas em frequência de ocorrência são também apropriadas para a identificação de *key words* de um texto.

Aplique a estratégia

1 > a. Leia o texto abaixo, sublinhando os verbos que indicam como os personagens falam.

'A bad sign,' Caroline had said. 'If you go for a job and they ask you to lunch it's a bad sign.'

James seemed surprised. 'Oh? Why's that?'

'They're wanting to look at you in social surroundings,' she explained. 'They want to see how you hold your knife and fork.'

James laughed. 'Hello! This is the twenty-first century, you know! People don't care about that sort of thing any more.'

Caroline defended herself. 'I'm not so sure about that. [...]

Smith, Alexander McCall. *Corduroy Mansions*. Londres: Abacus, 2009. p. 311.

b. Leia de novo, desta vez visualizando o diálogo na sua mente.

2 > **a.** O texto a seguir reproduz as palavras iniciais do romance *The namesake*, de autoria de Jhumpa Lahiri. Leia o texto e, enquanto lê, visualize a cena.

1968

On a sticky August evening two weeks before her due date, Ashima Ganguli stands in the kitchen of a Central Square apartment, combining Rice Krispies and Planters peanuts and chopped red onion in a bowl. She adds salt, lemon juice, thin slices of green chilli pepper, wishing there were mustard oil to pour into the mix. Ashima has been consuming this concoction throughout her pregnancy, a humble approximation of the snack sold for pennies on Calcutta sidewalks and on railway platforms throughout India, spilling from newspaper cones. Even now that there is barely space inside her, it is the one thing she craves. Tasting from a cupped palm, she frowns; as usual, there's something missing.

Lahiri, Jhumpa. *The namesake*. Londres: Harper Perennial, 2003. p. 1.

b. Cobrindo o texto, visualize a cena mais uma vez. Em seguida, leia o texto de novo, refletindo: As visualizações auxiliaram a sua leitura?

Sugestões adicionais

- Textos descritivos e narrativos são apropriados para se praticar essa estratégia: a primeira página de jornais costuma conter muitos textos narrativos; o início de um romance costuma incluir descrições de alguns personagens.
- *Scripts* de filmes e séries de TV são também úteis para a prática dessa estratégia: em <http://www.imsdb.com/> você encontra *scripts* completos ou trechos de *scripts* de vários filmes.
- Ao ler narrativas (em livros ou artigos de jornais) que tratam de eventos e fatos ocorridos em diferentes lugares, é uma boa ideia ter um mapa desses locais enquanto lê, a fim de visualizar melhor os eventos narrados.
- Se você dá aulas de inglês, pode pedir a seus alunos que "desenhem" as imagens que guardaram em suas mentes após ler, por exemplo, uma poesia ou uma letra de música. Outra ideia é pedir aos alunos que leiam pequenos textos e representem visualmente o texto lido (através de desenhos, gráficos, esquemas). Depois, os alunos trocam suas representações visuais e conversam sobre elas, descrevendo-as.

36 » REAGINDO A UM TEXTO DURANTE UMA LEITURA

A situação

Você está lendo um poema para crianças e a seu lado está um amigo. Você não percebe, mas enquanto lê você reage com expressões faciais a cada verso do poema. No final da leitura você dá uma risada. Seu amigo lhe pergunta: "Mas o que é que você está lendo que lhe causa tantas emoções?". "Que emoções?", você retruca, "você se refere à risada que acabei de dar?" "Não", responde o seu amigo, "falo de sua surpresa, sua desconfiança e sua incredulidade, entre outras reações". Você não entende bem o comentário do seu amigo e se pergunta se de fato demonstrou tais reações ao ler. E, se demonstrou, seria isso uma forma boa ou má de se comportar durante uma leitura?

O texto

Ancient

1 He's older than the oldest man
that anyone has ever known.
He's older than the Internet;
he's older than the telephone.
5 He's older than the printed word,
the ancient Greeks, the dodo bird.
He's older than the pyramids
and prehistoric hominids.
He's older than the dinosaurs,
10 the earth, the sun, the moon and stars.
He's old as mud, he's old as dust;
he's wrinkled up and turned to rust.
He's musty, crusty, stinky, dirty.
14 Simply put, Dad's turning thirty.

Kenn Nesbitt

Disponível em: <http://www.poetry4kids.com/poem-128.html>. Acesso em: 13 mar. 2011.

A estratégia

Reagir a um texto é uma estratégia facilitadora da leitura, pois garante um envolvimento mais profundo entre o texto e o leitor. Outras estratégias discutidas neste livro (por exemplo, "Prevendo o assunto de um texto" e "Formulando perguntas sobre um texto

Interjeições são palavras ou expressões usadas para expressar emoções, por exemplo: *Cool! Oh! Wow!*.

antes da leitura") também têm respaldo na ideia de que uma boa leitura deve envolver um diálogo entre o leitor e o texto lido. Esse diálogo, como sabemos, pode ocorrer através de processos cognitivos (tais como ativação de conhecimento prévio, formulação de hipóteses e previsões sobre o que vai ser lido, entre outros) ou pode ocorrer de forma emocional, através de reações como risadas, lágrimas, arrepios, uso de interjeições.

Alguns gêneros textuais são mais apropriados do que outros para a aplicação desta estratégia, e poemas são um bom exemplo. Não foi uma coincidência o fato de que, na situação acima, o leitor reagiu emocionalmente (e espontaneamente) à leitura do texto, sem perceber que estava demonstrando tais reações através de expressões faciais. Afinal, as poesias geralmente "mexem" com as emoções do leitor.

Mas não são apenas poesias que podem ser usadas para a prática desta estratégia. A leitura da programação de cinema ou TV, por exemplo, pode gerar reações semelhantes: "Não, não gosto desse tipo de filme, acho muito violento", "Oba! Adoro comédias com essa atriz, não posso perder esse programa", "Nossa! Esse documentário sobre um campo de refugiados no Chade deve ser pesado, mas é importante sabermos sobre esses eventos". Todas essas reações indicam envolvimento emocional com o texto lido, e desta forma são estratégias de leitura importantes para garantir a leitura eficaz de um texto.

Uma forma divertida de praticar esta estratégia é ir marcando um texto que você lê com alguns símbolos de sua escolha, para ir registrando suas reações durante a leitura. Alguns símbolos possíveis e as ideias que representam são:

☺	*I like this. /This is interesting.*		:-o	*I'm shocked.*
☹	*I don't like this./This is boring.*		:-D	*This is funny.*
!	*I'm surprised.*		No!	*I don't agree with this.*
**	*I find this very important.*		?	*I don't understand this.*

Aplique a estratégia

1 > Leia a programação de eventos a seguir e, ao ler, registre suas reações usando os símbolos acima ou outros de sua escolha:

Out & about
SATURDAY, SUNDAY

BIRMINGHAM DFS Crufts 2011

The Terrier & Hound and Toy & Utility categories, leading up to the iconic best in show segment of the canine competition.

▶ **MONDAY TO 27 MAR**

CAMBRIDGE Science Festival

Lectures, panel discussions, screenings, and hands-on activities.

WEDNESDAY TO 20 MAR

ACROSS IRELAND St Patrick's Festival

Armagh and Downpatrick hosts the biggest parties, Belfast has a carnival theme, while Wexford hosts the massive SkyFest fireworks display. •.•

WEDNESDAY TO 20 MAR

ST ANDREWS StAnza 2011

The centenary of Gaelic poet Sorley MacLean marked, plus art, film, music and kids' events, plus plenty of poetry.

Adaptado do suplemento "The Guide", *The Guardian*, 12-18 mar. 2011, p. 45.

2 > Na *homepage* de um jornal *on-line* listam-se as reportagens *most read*, conforme reproduzido a seguir. Leia os títulos das reportagens e reaja a eles, ou com símbolos (como acima), ou com expressões verbais (através de palavras) ou não verbais (através de expressões faciais e/ou gestos).

Most Read

1. Thousands stage anti-cuts protest
2. Hundreds stuck on East Coast line
3. MySpace loses millions of users
4. Libyan rebels advance westwards
5. A new way to look at radiation
6. Police clash with splinter groups
7. Defecating dog sparks US shootout
8. Sian officers find human remains
9. Scan uncovers 40 smuggled snakes
10. Swiss avalanche leaves four dead

Disponível em: <http://www.bbc.co.uk/news/uk-12873191>. Acesso em: 27 mar. 2011.

Sugestões adicionais

- Para praticar essa estratégia, leia poemas ou letras de música *on-line* e reaja aos textos enquanto lê. Se quiser registrar suas reações por escrito, imprima alguns desses textos e use símbolos como os sugeridos acima.
- Se você dá aulas de inglês, pode promover a seguinte atividade: antes de ler um texto, escreva no quadro: *What I found most […] about this text was […]*. Junto com a turma, faça um *brainstorming* de adjetivos possíveis para completar a frase (por exemplo, *boring, incredible, original, annoying* etc.) e escreva tais adjetivos no quadro. Depois da leitura, os alunos completam a atividade e conversam sobre suas reações ao texto, justificando-as.

37>> MONITORANDO A COERÊNCIA DA LEITURA

A situação

Você está lendo um texto sobre o uso de *blogs* em escolas. O assunto lhe interessa mas você encontra dificuldade na leitura logo no primeiro parágrafo. Após duas ou três tentativas de compreender a ideia desse parágrafo introdutório – o qual, você imagina, deve conter a ideia geral do texto –, você desiste da leitura, concluindo, com decepção: "Não faz sentido. O texto fala do uso de *blogs*, mas trata do assunto como se estivesse *pressing problem* (pressionando problema?) para os meninos *to write properly* (escreverem para si próprios?)".

Mais tarde, ao pensar sobre essa tentativa de ler um texto que atiçou a sua curiosidade, e sobre a sua decisão de desistir da leitura porque ela não fazia sentido, você se pergunta se o seu raciocínio foi acertado, ou se desistiu da leitura prematuramente.

O texto

Blog early, blog often: the secret to making boys write properly

1 Blogging may have solved one of the most pressing problems that has perplexed the
2 education world for years: how to get boys to write properly.
3 A pioneering approach adopted by a primary school in Bolton has seen a remarkable
4 rise in pupils' test scores.
5 The biggest impact has been on boys – who are happily churning out 5,000-word
6 stories for their blogs in the classroom. The school, Heathfield primary, is now being
7 used as a role model to encourage others around the country to adopt its methods. The
8 turnabout has seen the percentage of pupils getting a higher than average score ("level
9 five") in national curriculum writing tests for 11-year-old soar from just 7 per cent to 63
10 per cent.
11 [...]

The Independent, 11 fev. 2011. p. 12.

A estratégia

Na situação acima o leitor ficou em dúvida se procedeu adequadamente ao questionar a coerência do texto ou se desistiu da leitura do texto muito rapidamente. Bem, a resposta para ambas as perguntas é "sim". É uma importante estratégia saber acompanhar, ou monitorar, a coerência do que lemos. Mas, ao concluirmos que algo não faz sentido, nem sempre é necessário abandonar a leitura do texto. Afinal, podemos nos apoiar em algumas estratégias de leitura que conhecemos a fim de tentar compreender os trechos que não fazem sentido. Sua interpretação inicial, de que *pressing problems* (linha 1) significa "pressionando problema", poderia ser reavaliada através do uso de outras estratégias. Você poderia não ter elementos no texto para concluir que *pressing* é um falso amigo que significa "urgente", mas a posição de *pressing* antecedendo o substantivo *problems* poderia sugerir que *pressing*, neste caso, é um adjetivo – e isso poderia levá-lo a concluir que seu significado pode ser "que causa pressão", uma interpretação plausível e até mesmo razoavelmente apropriada. Em outras palavras, a aplicação das estratégias "Identificando falsos amigos" e "Usando a estrutura de uma sentença para inferir o significado de uma palavra" poderia ter apoiado o monitoramento de coerência da leitura.

No caso de *writing properly*, o uso do sufixo *–ly* poderia lhe indicar que *properly* é um advérbio de modo, e que, portanto, indica "uma forma de escrever". Você poderia ainda ficar na dúvida sobre que forma é essa, mas poderia prever algo na linha de "uma forma própria" ou "uma forma apropriada". Continuando a leitura, no segundo e terceiro parágrafos do texto, você encontraria elementos para confirmar sua segunda previsão: *rise in pupils' test scores* (linha 4); *higher than average score* (linha 8).

Em outras palavras: monitorar a coerência dos nossos entendimentos numa leitura é uma estratégia importante ao ler. Em paralelo, abortar uma leitura no primeiro parágrafo é uma decisão precoce, e um leitor estratégico deve sempre apoiar esse monitoramento com outras estratégias que conhece e fazendo algumas reflexões como as seguintes:

- Acho que o significado da palavra [x] é [y]. Esta interpretação faz sentido no texto? Pela estrutura da sentença, posso concluir que [x] é mesmo um [substantivo/verbo/etc.]?
- Não entendo o sentido da locução [x], mas acho que é [y]. Posso usar outras partes do texto para apoiar esta minha inferência? Posso usar meu conhecimento de mundo para isso?
- Acho que a ideia geral deste parágrafo é [x], mas não tenho certeza se isso faz sentido. Há uma *topic sentence* neste parágrafo que possa apoiar minha interpretação? Os detalhes dados são coerentes com minha linha de raciocínio?
- A ideia geral do parágrafo [x] é [y], mas o parágrafo seguinte trata de [z], e não estou entendendo se [z] se relaciona com [y]. Não faz sentido. Vou continuar lendo e verificar minhas interpretações (de [z], de [y]).

Lembre-se: é sempre boa ideia perguntar-se se o que está sendo lido (e compreendido) faz sentido. Na dúvida, continue lendo para verificar seus entendimentos e volte ao início do texto sempre que achar necessário, para fazer mais verificações. Um leitor estratégico não lê de forma rígida, sequencial, do início ao fim do texto: ele faz uma leitura flexível, sempre contemplando novos caminhos, idas e vindas no texto, "pulos" no texto, paradas para reflexão; enfim, sempre se perguntando se o que lê faz sentido.

Aplique a estratégia

1 > Você recebe um *e-mail* de uma pessoa desconhecida. Começa a ler a mensagem, mas rapidamente conclui que ela não faz sentido. Identifique no *e-mail* alguns elementos que possam levar o leitor a chegar a esta conclusão.

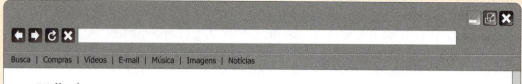

Hello dear,

How is your day? Please pardon me if i interfere into your privacy, My name is Miss Raissa Keita, Age 24, height 5 ft 11 inches, weight 61 i am the only daughter of Late Dr Fredrick

Keita from Ivory Coast in west Africa, my father was the owner of Keita Cocoa Industries Limited and he was a personal adviser to our former Head of State (late General Robert Guei). I observed you are an important personality before i made up my mind to contact you. Please i will like to know more about you because i wish to share true love with you and more importantly, i have with me some funds which i will like to invest in a good

business with you. I wish you could be honest to me so that i can go into this investment with you by my side and i will also need your good advices.

First of all, I will like to know what you do for a living, remember you caught my attention in the site that was why I contacted you in the first place. You will know me more as we communicate along. I shall send my pictures to you.

Thanks for your understanding, hoping to hear from you soon.

from my heart
Miss Raissa

Arquivo pessoal da autora, *junk mail* recebido em 8 maio 2009.

2 > Leia o artigo a seguir gradualmente. Ao final do título, do subtítulo e de cada frase, registre seu monitoramento de coerência no quadro que segue o texto. Para tal, responda às perguntas das colunas 2 a 4. Nos casos em que você acha que sua interpretação não faz sentido, volte a elas após ler a frase seguinte.

Babies can 'hear' emotion as early as three months old

By James Gallagher, Health reporter, BBC News

Babies can respond to emotions in a human voice at just three months old - earlier than previously thought - researchers believe.

The results of scans on 21 sleeping babies suggested the brain responded to the type of sounds being played.

Researchers said it had previously been unclear when human brains developed the ability to process voices and emotions.

Scientists hope to learn the difference between the way autistic and non-autisitc brains develop as a result.

They used functional magnetic-resonance imaging (fMRI) to record how babies responded to tapes playing "emotional sounds", such as laughing and crying, as well as background noises, like water or toys.

A part of the brain - the temporal cortex - was activated when human voices were played - the same region as in adults.

Disponível em: <http://www.bbc.co.uk/news/health-13962068>. Acesso em: 3 jul. 2011.

	O QUE EU ACHO QUE SIGNIFICA?	FAZ SENTIDO (SIM OU NÃO)?	SE NÃO, O QUE PODERIA SER?
Título			
Subtítulo			
Frase 1			
Frase 2			
Frase 3			
Frase 4			
Frase 5			

Sugestões adicionais

- Selecione textos de seu interesse que estejam num nível de leitura mais alto do que você julga ter. Vá lendo o texto e, ao final de cada frase, escreva o que você acha que o texto quis dizer. Após escrever sua interpretação, pergunte-se: *Does this interpretation make sense?* Vá seguindo este procedimento de forma cumulativa: ao escrever uma nova interpretação, faça a pergunta considerando tudo o que você escreveu, desde a leitura da primeira frase.

- Se você dá aulas de inglês, peça a seus alunos que, em pares ou pequenos grupos, leiam um texto fazendo monitoramento de coerência durante a leitura. No quadro, escreva os passos a serem seguidos pelos alunos neste processo: *(1) Read the text; (2) For each sentence, discuss: I think it means [...]. Does this make sense?* Após o trabalho a turma pode discutir em conjunto as conclusões. Encoraje o uso de justificativas acompanhando as conclusões, pois elas podem ajudá-lo a entender melhor as dificuldades que seus alunos têm ao ler.

38>> TOMANDO NOTAS DO QUE É LIDO

A situação

Como preparação para a sua próxima aula de inglês, você lê um artigo em uma revista sobre *tsunamis*. O artigo é relativamente longo, distribui-se em uma página inteira, e contém muitas informações, que estão organizadas ao redor de perguntas e respostas. A sua tarefa consiste em ler o texto e estar preparado para discutir sobre ele na próxima aula. O problema é que você está lendo o texto uma semana antes da próxima aula, pois não poderá fazê-lo mais adiante. Devido à lacuna de tempo entre a leitura e a discussão do texto, você está um pouco inseguro quanto à sua capacidade de reter tantas informações. "Será que posso fazer algo para garantir a lembrança de informações importantes sem ter de ler o texto novamente antes da aula?", você se pergunta. A seguir reproduzimos a primeira pergunta (e respectiva resposta) no texto original.

O texto

The peril of tsunamis

1 What causes a tsunami?
2 Typically, an earthquake under the seafloor. The plates that form the Earth's crust
3 grind against each other, sometimes moving the seabed up and down. If this happens,
4 hundreds of cubic miles of water can be displaced in a movement, and a massive wave or
5 series of waves is formed. In the open sea, these waves can be imperceptible, even though
6 they can move at speeds of around 500mph. When they approach shallower waters,
7 however, they slow down, the volume of water piles up, and they can rise to heights
8 of 30ft or more. This tremendous build-up of energy creates the tsunamis' destructive
9 force and drives the water much further inland than other freak waves. Tsunami means
10 "harbour wave" in Japanese.

The Week, 10 out. 2009. p. 13.

A estratégia

O ato de tomar notas sobre o que lemos é algo que aprendemos cedo na escola, mas que comumente deixamos de fazer – por falta de tempo, ou disciplina, ou paciência, entre outras razões. O fato é que a escrita pode ter uma função muito importante para o registro e a memória de informações. Vale notar que historiadores alegam que o desenvolvimento da escrita na história da humanidade está associado a *record keeping*. No sistema cuneiforme desenvolvido pelos sumérios no século IV a.C., números e objetos (por exemplo, "dois carneiros") eram registrados num pedaço de argila com o uso de um instrumento em formato de cunha.

No sistema cuneiforme, "tomar notas" tinha a dupla função de produzir lembretes e fazer a contabilidade. Atualmente usamos a escrita para outras funções, como nos corresponder com outras pessoas, produzir relatórios e outros documentos de trabalho, preencher formulários, fazer testes, entre outros. São tantas as funções da escrita que às vezes acabamos por esquecer que podemos – e devemos – escrever para tomar notas de informações que lemos e que podemos precisar recuperar no futuro. Ao lermos algo que achamos interessante ou importante, vale, sim, a pena tomar notas!

Exemplo de escrita cuneiforme (c. 2400 a.C.) em exibição no Museu do Louvre (Paris).

As perguntas que se seguem são: Como devemos organizar as notas: sequencialmente, conforme tivemos acesso a elas, ou por assunto? Como devemos tomar notas: por escrito ou no computador? Há outros recursos que podem ser utilizados ao tomarmos nota do que lemos?

Ao responder as perguntas acima, é importante lembrar que não há maneiras "certas" ou "erradas" de tomarmos notas. Nossas notas devem fazer sentido para nós mesmos e devem conter material que nos será útil no futuro.

De forma geral, podemos dizer que as notas devem seguir a organização do texto original. Ao tomarmos notas sobre um livro que lemos, é natural organizar nossas notas ao redor dos capítulos do livro. No caso do texto acima, organizado ao redor de perguntas e respostas, as notas poderiam também manter o mesmo formato.

Podemos tomar notas de forma sequencial (*linear notes*) ou por assunto (*pattern notes*). No caso do texto acima, as notas poderiam ter os seguintes formatos e conteúdos, respectivamente:

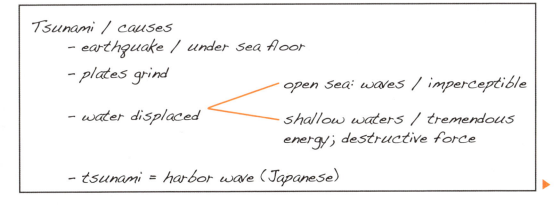

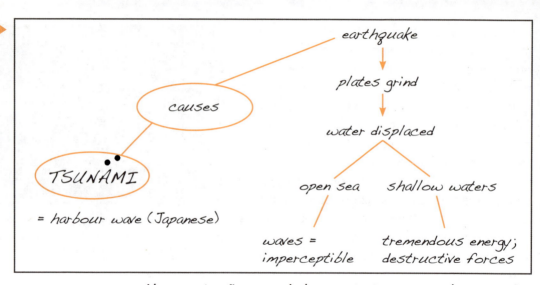

Linear notes são apropriadas para textos que envolvem sequência como o texto acima (*earthquake* leva ao *grinding of plates* que leva a *water displacement*), mas tal sequência pode ser indicada em *pattern notes* através de setas. *Pattern notes*, por sua vez, através de *mind maps* como o utilizado acima, permitem que o leitor registre as ideias por meio de associações não necessariamente feitas no texto. No exemplo acima, note-se que o leitor optou por anotar o significado "harbour wave" perto da ideia central do texto (*tsunami*), não seguindo a ordem da apresentação da definição de *tsunami* no texto original. Ainda com relação ao texto acima, para tomar notas do resto do texto (das outras perguntas e respostas não reproduzidas acima), nas *linear notes* o leitor continuaria sequencialmente, e nas *pattern notes* ele adicionaria outras ideias (em círculos, como fez com *causes*) ao redor do tema central *tsunami*.

O importante, ao tomar notas, é incluir informações que você acha que serão necessárias no futuro, e organizar suas notas de forma que entenda o que anotou e possa usar o que escreveu. Para isso, você deve considerar os seguintes pontos:

- Se suas notas forem feitas à mão, garanta que sua escrita esteja legível. Às vezes escrevemos rápido demais e não entendemos depois a nossa própria letra!
- Use (e abuse) de recursos que podem organizar hierarquias de ideias e/ou realçar pontos importantes: sublinhamento, uso de negrito e itálico, uso de marcadores de texto, cores diferentes, *bullets*, setas, tudo isso será útil na sua posterior leitura das notas.
- Ao tomar notas, deixe clara a distinção entre "elementos do texto" e "sua opinião ou comentários". No exemplo acima, tudo o que foi registrado nas notas estava presente no texto

original. Caso houvesse a adição de comentários (por exemplo, *important/interesting/don't forget this)*, estes deveriam vir em cor diferente, por exemplo.

- Ao tomar notas de um texto mais longo, é útil também produzir um pequeno resumo do texto ao final da leitura, registrando a ideia geral do texto e alguns detalhes. Ao voltar às suas notas, você vai certamente apreciar ter escrito tal resumo!

Aplique a estratégia

1 > a. Leia o texto, tomando notas.

AND NOW WE KNOW...

One in ten of us relies on medicine to get to sleep. And, according to a survey of 40,000 families conducted by Surrey University, almost 60% of Britons take half an hour to nod off at least once a week, and one in eight don't even sleep six hours a night. However, a chemical "quick fix" is no substitute for proper rest, according to scientists, who blame social pressure to cram ever more into each day.

"A lot of people reach for medication as a quick fix rather than looking at the lifestyle issues that may be causing their problems. There's no medicine that gives a natural sleep. They give you a drug-induced sleep," said Neil Stanley, an independent sleep researcher.

The Sunday Times, News Review, 6 mar. 2011. p. 10.

b. Após alguns dias, retorne às suas notas, tentando "recompor" o conteúdo do texto mentalmente.

c. Em seguida, leia o texto novamente, e reflita: as anotações ajudaram-no a registrar o conteúdo do texto?

Sugestões adicionais

- Aplique os procedimentos acima com outros textos de sua escolha. Experimente tomar notas de formas diferentes (*linear notes, pattern notes)* e avalie com que forma você se identifica mais. Experimente, também, usar recursos variados (cores, sublinhados, setas etc.) ao tomar as suas notas, sempre procurando encontrar uma maneira que lhe é mais útil nas releituras de suas notas.

- Aprenda mais sobre como tomar notas ao ler nos *sites* <http://www.ehow.com/how_9258_reading-notes. html>; <http://www.open.ac.uk/skillsforstudy/thinking-reading-and-taking-notes.php>; <http://www2. warwick.ac.uk/fac/soc/al/learning_english/leap/reading/note/>.

- Se você dá aulas de inglês, estimule seus alunos a lerem e tomarem notas dos textos lidos. É importante criar oportunidades para que os alunos retornem às suas notas, seja para compará-las, seja para usar as informações registradas em discussões e/ou outras atividades.

39›› USANDO VÁRIAS ESTRATÉGIAS NUMA MESMA LEITURA

A situação

Você dá aulas de inglês e pediu a seus alunos que lessem um pequeno texto em casa para que, em aula, conversassem sobre ele em grupos. Ao iniciar o trabalho em sala de aula, você pede aos alunos que compartilhem as estratégias de leitura que usaram para ler o texto. Um dos grupos interage da seguinte forma:

Aluno 1: I looked for transparent words. There are many of them in the text.

Aluno 2: And I looked for key words.

Aluno 3: I skimmed through the text for its main idea.

Aluno 4: Well, after reading the title I listed three specific details I'd like to find in the text: education where? What levels? What works by Shakespeare? After that I read the text and managed to spot two of those details.

Depois dessa breve interação há um hiato na conversa entre os alunos. Você intervém: "Dois de vocês focalizaram a atenção em palavras; outro em ideias gerais; outro em ideias específicas. Será que não seria uma boa ideia 'juntar' o resultado de suas estratégias e discutir o que vocês entenderam e acharam do texto?". Seus alunos olham para você surpresos, sem saber como responder à sua pergunta.

O texto

Shakespeare and education

1 In many of the world's educational systems Shakespeare remains at the core of
2 literary study, compulsory in the English national curriculum at secondary school and
3 all but compulsory in many other countries. At universities his plays are central to the
4 study of literature and drama and, though political battles in the United States to revise
5 the canon of literary study led to Shakespeare no longer being compulsory at many
6 universities, more students than ever take Shakespeare courses there.

Holland, Peter. *Shakespeare*. Oxford: Oxford University Press, 2007. p. 134.

A estratégia

Muito bem! A ideia de propor a seus alunos que "juntem" o resultado de suas estratégias de leitura é muito positiva. Pesquisas recentes na área de estratégias de aprendizagem indicam que o uso de *strategy chains* (grupos de estratégias utilizadas em sequência) ou *strategy clusters* (grupos de estratégias utilizadas simultaneamente) pode facilitar uma leitura.

No caso acima, os alunos seriam capazes de compartilhar os seguintes "resultados" se colaborassem na integração da aplicação das diferentes estratégias:

Aluno 1	Aluno 2	Aluno 3	Aluno 4
Identificação/compreensão das seguintes palavras transparentes: *Education, educational, systems, literary, study, compulsory, national, curriculum, secondary, school, universities, central, literature, drama, political, revise, students, courses*	Identificação das seguintes *key words:* - *Shakespeare* - *World's educational systems* - *Compulsory/ central*	Identificação da ideia principal do texto: o estudo de Shakespeare é central em muitos sistemas educacionais no mundo	Identificação dos detalhes: - Educação no mundo, com detalhes sobre *English national curriculum/United States* - *Secondary school/ university*

Imaginemos uma situação em que, sem termos lido o texto original, partíssemos das conclusões acima e tentássemos "recompor" o texto. Tal processo poderia nos levar a um bom entendimento do seu conteúdo! Portanto, não é difícil chegar à conclusão de que o uso de várias estratégias de leitura pode facilitar – e enriquecer – a leitura de um texto. A dificuldade reside em saber quais estratégias devemos usar.

Obviamente é impossível (e indesejável!) usar todas as estratégias que você conhece ao ler um texto. A escolha das estratégias a serem aplicadas numa leitura deve estar associada ao tempo disponível para se ler o texto, e também ao propósito da leitura. Por exemplo, se o seu objetivo numa leitura é apenas entender a ideia geral do texto, seria contraproducente focar a atenção em detalhes ou em vocabulário específico, à procura de, digamos, sufixos e prefixos que compõem certas palavras. A seleção das estratégias apropriadas está diretamente relacionada ao contexto da leitura: o que lemos (que tipo de texto, que gênero textual), por que, para que lemos. Retomaremos esse assunto na próxima seção deste livro.

Aplique a estratégia

1 > a. Vamos "experimentar" diferentes estratégias na leitura de uma resenha de filme. Você vai ler a resenha 5 vezes; em cada leitura use uma (e apenas uma) das estratégias listadas na coluna central da tabela. Após cada leitura faça alguns comentários na coluna da direita (o que entendeu, o que achou do uso da estratégia).

UNSTOPPABLE

Inspired by actual events, 'Unstoppable' is an adrenaline rush fuelled by the reality of ordinary people placed in extraordinary circumstances. A veteran train engineer (Denzel Washington) and a young conductor (Chris Pine) race against the clock to stop an unmanned runaway train (effectively a missile the size of a skyscraper) and prevent disaster in a heavily populated area.

Folheto *Film Guide: November 2010*, Showcase, Reino Unido.

LEITURA	ESTRATÉGIA	COMENTÁRIOS
1	Leia o título do texto e faça previsões sobre o conteúdo do texto.	
2	Leia o texto e identifique palavras transparentes.	
3	Leia o texto e identifique *false friends*.	
4	Faça uma leitura rápida (*skimming*) do texto.	
5	Leia para procurar informações específicas.	

b. Leia todos os seus comentários e reflita: o uso de mais de uma estratégia trouxe ganhos para a leitura? Se sim, quais?

Sugestão adicional

- Para praticar essa estratégia, selecione um ou mais textos para leitura. Os textos devem ser interessantes para você, mas devem também causar alguma dificuldade na leitura. Leia o texto "pensando alto", isto é, vá lendo e falando seus pensamentos em voz alta, enquanto lê. Use um gravador para registrar o seu *thinking aloud*. Depois, toque a gravação e enquanto ouve tente identificar as estratégias de leitura que você menciona no seu *thinking aloud*. Para esta verificação você pode usar o *Sumário* na p. 6 deste livro como referência: vá ouvindo o que você falou ao ler e tentando fazer a correspondência entre o que é dito e as estratégias listadas. Ao terminar de ouvir e identificar as estratégias que usou, pense: Como cada estratégia contribuiu para sua leitura? Como sua integração contribuiu para o entendimento do texto?

40» SELECIONANDO, APLICANDO E AVALIANDO AS ESTRATÉGIAS APROPRIADAS PARA UMA LEITURA

A situação

À sua frente está um artigo de jornal cujo título chama a sua atenção: *What is black?* Tal título lhe desperta interesse, e você fica com vontade de ler o texto, mas pensa: "Hm... Este texto deve envolver informações científicas, difíceis de serem compreendidas". Mas você logo se lembra de que estratégias de leitura podem ajudá-lo a lidar com algumas dessas dificuldades, e pondera: "Muito bem. Vou então usar uma ou mais estratégias ao ler o texto. Mas quais? Será que devo fazer previsões? Será que devo tentar entender a organização do texto? Será que devo ativar conhecimento prévio? Será que devo tentar compreender o vocabulário atentando para os elementos que compõem as palavras? Argh... Não sei o que devo fazer!".

O texto

What is black?

1   We see black when no visible light reaches the eye. It is the colour of objects or
2 pigments that absorb all frequencies of light and reflect least. The blackest man-made
3 material was created in 2008 by a team from Rice University in Houston. Using a
4 "forest" of vertically aligned carbon nanotubes (cylindrical carbon molecules less than
5 1/50,000 of the width of a human hair), their super-black sheet reflects only 0.045 per
6 cent of any light directed at it – ideal for solar panels and for harvesting the tiny amounts
7 of heat present in space.

The Daily Telegraph, 12 mar. 2011. p. W18.

A estratégia

Realmente! O uso de uma ou mais estratégias pode facilitar a sua leitura, mas quando falamos de estratégias a grande questão é saber decidir quais delas devem ser selecionadas e implementadas. Sabendo identificar as estratégias que você vai usar numa leitura, o que se segue (quer dizer, a real aplicação da estratégia) é até certo ponto mais simples: basta pôr em prática tudo o que você aprendeu neste livro!

Mas vamos retornar à pergunta básica: Como saber quais estratégias são apropriadas numa leitura? A resposta a essa pergunta está fundamentalmente atrelada ao propósito da leitura. Se você lê algo rapidamente, sem grandes intenções de dissecar todo e qualquer elemento do texto, então você pode usar estratégias como *skimming*, ativação de conhecimento prévio, foco nas palavras-chaves e imagens do texto, entre outras. Se você lê algo com a intenção de compreender alguns detalhes do texto, então pode lançar mão de estratégias como *scanning*, a identificação do que é e do que não é dito, visualização do conteúdo do texto, identificação de marcadores de tempo, entre outras.

A "má notícia", então, é que não há fórmulas nem procedimentos predefinidos que possam ajudar o leitor a identificar as estratégias apropriadas para a leitura de um texto. Mas há uma boa notícia: a ausência de "receitas" faz com que haja várias opções possíveis no que se refere à escolha de estratégias. Isso dá ao leitor uma autonomia e um sentido de *ownership* da leitura que é muito estimulante e prazeroso. Ao escolher as estratégias que vai usar, o leitor torna aquela leitura "a sua leitura"; ao aplicar tais estratégias, avaliá-las, apoiá-las pelo uso de outras estratégias, o leitor torna aquela leitura única, e faz com que seu diálogo com o texto esteja de acordo não apenas com o objetivo da leitura, mas também com outros elementos que caracterizam aquela situação de leitura – tal como o nível de proficiência em inglês do leitor, o grau de dificuldade da leitura, o tipo e o gênero do texto, o tipo de mídia usado (papel, tela, placa, tecido). São tantos os elementos envolvidos numa leitura que é fácil entender por que não pode haver receitas no que se refere à seleção e ao uso de estratégias.

Voltemos ao texto acima. Digamos que você queira ler este texto para entender sua ideia principal, sem atentar a detalhes; mas que gostaria, também, de aprender uma ou duas palavras novas com essa leitura. A fim de selecionar as estratégias que vai usar, você pode utilizar a lista de estratégias do *Sumário* na p. 6 como referência. No caso acima, as estratégias "Compreendendo a ideia principal de um parágrafo", "Identificando as ideias gerais e as ideias específicas em um texto" e "Usando uma leitura para revisão ou aprendizagem de vocabulário" parecem estar diretamente relacionadas aos seus objetivos de leitura. Mas é possível, também, que você queira usar outras estratégias paralelamente, no apoio das estratégias principais, como "Identificando palavras transparentes": por se tratar de um assunto científico, há muitas delas no texto (*visible, colour, objects, pigments,* entre outras). Outras estratégias potencialmente relevantes seriam "Usando partes de uma palavra para compreender seu significado" em associação a "Usando a estrutura de uma sentença para inferir o significado de uma palavra": esse *strategy cluster* seria útil para o entendimento de locuções como *blackest man-made material* ou *vertically aligned carbon nanotubes*.

Saber selecionar as estratégias apropriadas numa leitura requer prática. Para automatizar a lembrança de certas estratégias, tenha sempre uma lista de estratégias por perto quando você lê um texto em inglês. Se possível, experimente estratégias que você não usa com frequência e reflita sobre seus resultados. Converse com outras pessoas sobre suas preferências e dificuldades ao usar estratégias de leitura, troque ideias, procure entender melhor como pode maximizar os benefícios de certas estratégias. Na dúvida de como implementar uma certa estratégia, releia a parte correspondente a ela neste livro e faça mais exercícios aplicando-a. Após o uso de uma estratégia, procure sempre que possível perguntar-se se ela foi de fato útil, se você está sabendo utilizá-la adequadamente, até que ponto ela pode ser mais bem aplicada em futuras leituras.

Esta questão traz à tona a importância da avaliação das estratégias. Pesquisas mostram que bons leitores avaliam suas estratégias com frequência antes, durante e após a leitura.

Para se encaminhar tal avaliação, as seguintes perguntas podem ser feitas:

- Qual é o objetivo da leitura que estou por fazer? Que estratégias posso implementar para atingir tal objetivo com sucesso?
- Estou encontrando alguma dificuldade com minha leitura? Quais estratégias estou usando para lidar com tal dificuldade? O que posso fazer para tornar minha leitura mais estratégica?
- Os objetivos da minha leitura foram atingidos? Se sim, quais estratégias me auxiliaram neste processo? Se não, quais estratégias eu poderia ter usado para atingir meus objetivos?
- Quais estratégias usei na minha leitura? Quais foram mais (e quais foram menos) úteis? Quais foram mais (e quais foram menos) fáceis de serem aplicadas? Por quê?
- O que posso fazer para aplicar uma certa estratégia melhor?
- Eu conheço alguém que leu o mesmo texto e com quem posso trocar ideias sobre as estratégias usadas na leitura?

Você pode, neste processo de avaliação, usar uma ficha de avaliação mais ou menos assim:

Leitura do texto _____ Data: ____/____/____

Estratégias	Usei a estratégia? Y (*yes*) ou N (*no*)	Se YES, usei como?	Se YES, a estratégia ajudou?	Por que (não)?
Identificando palavras transparentes				
Usando um dicionário bilíngue				
Prevendo o assunto do texto				
etc.				

Lembre-se sempre: as leituras que você faz são "suas leituras", e você deve sempre se sentir no comando de tais leituras, decidindo o que – e como – fazer. As estratégias de leitura têm a função de apoiá-lo neste processo, funcionando como recursos ao seu dispor para garantir a eficácia de sua leitura. Cabe a você identificar quais estratégias deve usar, implementá-las e avaliar o seu uso a fim de, cada vez mais, ter o controle de suas leituras em inglês.

Aplique a estratégia

1 > Com base no texto da seção, reflita sobre os seguintes objetivos de leitura, e complete a tabela com algumas estratégias que considera apropriadas para cada objetivo, justificando-as.

- OBJETIVO 1: Ser capaz de responder à pergunta do título de uma forma geral e relatar tal resposta a outras pessoas.

- OBJETIVO 2: Usar as informações como referência para uma pesquisa escolar sobre cores e luzes.

- OBJETIVO 3: Aprender vocabulário e estruturas da língua inglesa.

OBJETIVO	ESTRATÉGIAS POTENCIALMENTE ÚTEIS	JUSTIFICATIVAS
1		
2		
3		

Sugestões adicionais

- Selecione um ou mais textos que você queira ler ou reler por uma determinada razão. Com base nos objetivos de leitura de cada um desses textos, consulte o *Sumário* na p. 6 e selecione alguma(s) estratégia(s) para usar nessas leituras.
- Se você dá aulas de inglês, use a sugestão acima num trabalho em sala de aula: peça a seus alunos que, individualmente, procedam como sugerido e que, depois da leitura, comentem sobre o uso das estratégias escolhidas: até que ponto elas facilitaram e apoiaram a leitura, se foi difícil ou fácil escolher e implementar as estratégias (e por quê).
- Para oferecer mais oportunidades de prática a seus alunos, crie objetivos como os acima e peça aos alunos que discutam as estratégias potencialmente úteis para o cumprimento de tais objetivos. Os alunos devem justificar suas respostas.
- Amplie seu repertório sobre estratégias de leitura. Neste livro, apresentamos algumas estratégias mas há muitas outras que você pode explorar para se tornar um leitor em inglês cada vez melhor! Para aprender mais, use a Internet ou consulte a lista de referências ao final deste livro.

PARTE 3

COMPLEMENTOS

>> RESPOSTAS DOS EXERCÍCIOS

Estratégia 1

Exercício 1

a/b. identity, personal, information, valuable, Criminals, personal, details, use, bank, accounts, credit, cards, state, benefits, documents, passports, licences, name, identity, difficulty, credit, cards

c. Respostas pessoais.

d. Respostas pessoais.

Exercício 2

a. video games, director, experience, persuades, public, school, district, invest, video-game, equipment

b. 10

c. Respostas pessoais.

d. Respostas pessoais.

e. Respostas pessoais.

f. Respostas pessoais.

Estratégia 2

Exercício 1

a. *Palavras transparentes:* integral, element, paintings, involved, musical, part, composition, lines, colours, literary, part, creation, story, justified, aesthetic, decisions, title, essential, part, process, particularly, painted, fragmentary, texts, image; stories, ambiguous. *Palavras desconhecidas:* Respostas pessoais.

b. Respostas pessoais.

c. Respostas pessoais.

Exercício 2

a. *Palavras transparentes:* Construction, industries, construction, multinational, composition, opportunities, future, intercultural. *Palavras desconhecidas:* Respostas pessoais.

b. Respostas pessoais.

c. Construção & o Ambiente Construído
Como muitas outras indústrias, a construção está se tornando cada vez mais multinacional, tanto na composição da sua força de trabalho quanto no alcance de seus mercados. Haverá muitas oportunidades, agora e no futuro, para pessoas que falem várias línguas e que tenham consciência intercultural.

Estratégia 3

Exercício 1

a. Diarreia, gravidez, mal-estar, ingestão de substância tóxica, dor de ouvido, contracepção de emergência, vômito, cortes, dor ou inflamação no pênis, prisão de ventre, problemas dentários, problemas no olho.

b. Elas comunicam informações (por exemplo, o cadeado ilustrando prisão de ventre simboliza um "lacre" no processo digestivo).

c. Respostas pessoais.

Exercício 2

a. Respostas pessoais.

b. Respostas pessoais.

c. Respostas pessoais.

Estratégia 4

Exercício 1

A idade mais apropriada para se começar uma dieta é 28 anos porque nessa fase se tem tempo e determinação para tal.

Exercício 2

a. Respostas pessoais.

b. A língua inglesa mudou muito ao longo do tempo e há razões não linguísticas para explicar o crescimento e impacto dessa língua nos dias de hoje. O livro de onde foi retirado o texto discute o presente, o passado e o futuro do inglês, ou "ingleses" usados atualmente, antecipando que a descrição da língua que é feita nos dias de hoje certamente será diferente de descrições no futuro.

Estratégia 5

Exercício 1

a. I. V; II. F; III. F; IV. V

b. Respostas pessoais.

Exercício 2

a. II

b. Gallery Café

Estratégia 6

Exercício 1

Verbete 1: Transcrição fonética, Classe gramatical, Exemplos de usos, Outras informações
Verbete 2: Transcrição fonética, Indicação da separação de sílabas, Classe gramatical, Exemplos de usos, Outras informações
Verbete 3: Transcrição fonética, Indicação da separação de sílabas, Classe gramatical, Exemplos de usos, Outras informações

Exercício 2

a. Respostas pessoais.

b. Respostas pessoais.

c. Respostas pessoais.

Estratégia 7

Exercício 1

a. Sete

b. Adj 4: número par

c. Adv 3: ainda

Exercício 2

a. linha 1: até mesmo ; linha 2: até mesmo

b. pedaço

c. pode

d. trabalho

Exercício 3

High: no alto; Terrifying: aterrorizante; Looks like: parece; Cross: cruzamento; Named: chamado; Noticed: notou; Giant: enormes

Estratégia 8

Exercício 1

a/b. exquisite/esquisita/sim (mas é um falso amigo); adventure/aventura/sim; library/livraria/sim (mas é um falso amigo); congress/congress/sim; online/online/sim; programs/programas/sim; enjoy/enjoar/não; phrase/frase/sim (mas é um falso amigo); part/parte/sim; passes/passa/sim; story/história/sim

c. Respostas pessoais.

Exercício 2

a. I

b. II

Estratégia 9

Exercício 1

a. Peludo: furry/fur+y; pesquisador: researcher/research+er; evolucionário: evolutionary/evolution+ary; relativo a moléculas: molecular/molecule+ar; internacional: international/inter+nation+al; que não voa: flightless/flight+less

b. Respostas pessoais

Exercício 2

a. flex-ible; fascinat-ing; frustrat-ing; challeng-ing; inspir-ing; end-less-ly; chang-ing; rich-ness; complex-ity. Para fazer as previsões, as informações a seguir são necessárias: -ible é sufixo formador de substantivo, significando "capaz de"; -ing é sufixo que geralmente se agrega a verbos para formar substantivos; -less é sufixo formador de adjetivo que significa "sem"; -ly é sufixo formador de advérbio de modo; -ness e –ity são sufixos formadores de substantivos abstratos.

b. Respostas pessoais.

Estratégia 10

Exercício 1

a. Respostas pessoais

b. Respostas pessoais.

Exercício 2

Respostas pessoais.

Estratégia 11

Exercício 1

a. Respostas pessoais.

b. Respostas pessoais.

c. Respostas pessoais.

Exercício 2

a. Respostas pessoais.

b. Respostas pessoais.

Estratégia 12

Exercício 1

a. Respostas pessoais.

b. Respostas pessoais.

c. Respostas pessoais.

Estratégia 13

Exercício 1
a. Respostas pessoais.
b. Respostas pessoais.
c. Respostas pessoais.

Exercício 2
a. Respostas pessoais.
b. Respostas pessoais.
c. Respostas pessoais.

Estratégia 14

Exercício 1
a. Meninas. A fonte do texto é: Wyatt, Valerie. *The science book for girls and other intelligent beings*. Buffalo, NY: Kids Can Press, 1997, p. 76.
b. As meninas precisam estudar ciências porque (1) há muito mais homens que mulheres na área ("most of the people who work in the sciences are [male]"); (2) ao não estudar a disciplina, elas estão deixando de conquistar um nicho no mercado de trabalho que lhes poderia garantir melhor compensação salarial ("Women are losing out on jobs that pay more than traditional female occupations");
(3) elas se desinteressam cedo pela disciplina ("girls begin to "turn off" science at an early age").
c. Respostas pessoais.

Exercício 2
a. Público infantojuvenil.
b. O texto parece uma conversa com o leitor e tem linguagem simples. O uso de "changed in such a short time" indica que há um pequeno espaço de tempo entre o uso do "old exercise book" (uma referência a crianças e/ou jovens) e a leitura do texto em questão.

Estratégia 15

Exercício 1
a. Texto 1: Informative; Texto 2: Instructional; Texto 3: Descriptive; Texto 4: Narrative
b. Texto 1: Uso do presente (*offer*); inclusão de fatos (o que a universidade oferece); uso de *bullets*.
Texto 2: Uso de *must* e *should*; verbo no imperativo (*follow*); linguagem direta.
Texto 3: Uso frequente de adjetivos (*fine, tall, heavy, fat, long, strong etc.*); uso de comparação (*like a film star*).
Texto 4: Uso de *time expression* (*Saturday night*) e de discurso direto (*officials said; said Sgt. George Town*); uso de linguagem emotiva (*battled a blaze; consumed 20 homes; treated for minor injuries*).

Estratégia 16

Exercício 1
a. I: um artigo acadêmico; II: uma mensagem de texto; III. um conto de fadas; IV. um folheto de um parque; V. uma receita; VI. um artigo de jornal; VIII. uma enciclopédia para crianças
b. I: uso da voz passiva; identificação de um "gap" entre o que se sabe e o que se quer saber; frase longa e complexa; II. uso de abreviações que incluem letras e números para representar sons, a fim de encurtar o texto; III. uso de palavras que remetem a cenários de reinos, príncipes e princesas; terminação com a fórmula "lived happily ever after"; IV. Uso da palavra "visit" e da locução "unforgettable

day"; texto que inclui os benefícios da visita para o leitor; V. uso do imperativo e frases curtas e diretas; uso de termos relativos à culinária; VI. tema de relevância atual, anúncio de evento relativo ao tema; VII. uso do presente; texto simples com frases curtas e objetivas; inclusão de fatos e informações para referência.

Exercício 2
a. III
b. Texto 1: texto para leitura destinado ao público infantil; Texto 2: guia de turismo para o público adulto; Texto 3: *blog*
c. Respostas pessoais.

Estratégia 17

Exercício 1
Algumas respostas possíveis: Conhecimento de mundo: o fato de que filmes envolvem o trabalho de diretores, atores e atrizes; que têm recomendação de idade mínima; que "Twilight" é uma série de filmes; que num plano supernatural os humanos são diferentes de vampiros e lobisomens; Conhecimento de organização textual: que resenhas de filmes envolvem um resumo da história indicando o nome dos atores e atrizes que fazem o papel dos personagens mencionados; que se a data de lançamento não indicar o ano sugere-se que tal data é no ano corrente; que certas informações podem ser dadas de forma sucinta, omitindo-se alguns elementos (por exemplo, não se diz: "The recommended minimum age for viewers is 12", mas simplesmente "Certificate: 12"; o leitor precisa ativar conhecimento prévio de que o número 12 é uma idade).

Exercício 2
a. Respostas pessoais.
b. Respostas pessoais.

Estratégia 18

Exercício 1
a. Respostas pessoais.
b. Respostas pessoais.
c. Respostas pessoais.

Exercício 2
a. Respostas pessoais.
b. Respostas pessoais.
c. Respostas pessoais.
d. Respostas pessoais.

Estratégia 19

Exercício 1
a. I. NS; II. S; III. S; IV. NS; V. NS
b. II. because of emissions of greenhouse gases; III. You breathe in … traffic fumes when sat in a car in queueing traffic.
c. I. Under-inflated tyres can increase your fuel bills (mas repare "can"); IV. os alimentos percorriam uma distância maior … do que percorrem hoje. (mas repare "1978"); V. reduces your changes (não se diz se esta afirmativa tem como base indicações comprovadas ou não comprovadas).

Exercício 2
I. F; II. NS; III. T; IV. F; V. NS

Estratégia 20

Exercício 1
c; d

Exercício 2
a: T; b: T; c: I; d: I; e: T; f: I

Estratégia 21

Exercício 1
a. fantasias: costumes; desfilam: parade; Quaresma: Lent
b. I. antes da Quaresma; II. desfilam nas ruas; III. em fantasias brilhantes
c. III

Exercício 2
a. Respostas pessoais.
b. Respostas pessoais.
c. Respostas pessoais.

Estratégia 22

Exercício 1
a. Respostas pessoais.
b. Respostas pessoais.

Exercício 2
Respostas pessoais.

Estratégia 23

Exercício 1
a. III; b. I; c. I; d. II; e. III

Exercício 2
a. slapping: verbo; touch: verbo; shout: verbo; valuables: substantivo
b. I. dando um tapa; II. tocar; III. gritam; IV. objetos de valor

Estratégia 24

Exercício 1
a. –s: experiences, facilities, services, shops, offerings, meets, needs, guarantees, recommendations, hours, emails, services, mins, Stations, gifts, souvenirs, toys, books, Bites
-'s: here's, world's
b. I. Não. Algumas são verbos (meets, guarantees); II. Que ele pode indicar flexão de número (plural) ou flexão verbal (conjugação de 3a pessoa singular no presente); III. Não; IV. A forma pode indicar contração de duas palavras (here + is = here's) ou posse.

Exercício 2
a. the: the greatest, the greatest, the alphabet, the Chinese characters, the mental-cum-physical; a: a skill, a piece of paper, a video screen, a computer disc.
   I. Pode-se concluir que the é usado para indicar referentes definidos, específicos (por exemplo, não são quaisquer characters; são "os" Chinese characters).
   II. Pode-se concluir que a é usado para indicar referentes não definidos, indeterminados (por exemplo, não é "a habilidade de fazer isso ou aquilo", mas "uma habilidade").
b. Tradução: *A escrita está entre as maiores invenções da história da humanidade, sendo talvez a maior invenção, uma vez que ela permitiu a criação da história. No entanto ela é uma habilidade a que a maioria dos escritores não dá a importância devida. Nós a aprendemos na escola, a partir da noção do alfabeto, ou (se moramos na China ou no Japão) dos caracteres chineses. Como adultos nós raramente paramos para pensar sobre o processo mental e físico que transforma nossos pensamentos em símbolos em um pedaço de papel ou numa tela de vídeo, ou informações digitais num disco de computador.* Resposta à pergunta: O uso do artigo the é o mesmo na maioria dos casos em que se usa "a/s" ou "o/s" em português, mas uma diferença importante é a ausência de artigo definido para nomes de países em inglês (China, Japan) e sua presença em português (a China, o Japão).

Estratégia 25

Exercício 1
a. Respostas pessoais.
b. Respostas possíveis: people, India, don't eat beef, uses for cattle, milk, dairy products, plowing fields, carrying, loads
c. Respostas pessoais.

Exercício 2
a. Respostas pessoais.
b. Respostas pessoais.
c. Respostas pessoais.

Estratégia 26

Exercício 1
a. 5; b. 2; c. 6; d. 1; e. 4; f. 3

Exercício 2
a. Respostas pessoais.
b. Respostas pessoais.

Estratégia 27

Exercício 1
a. I. 2; II. 1; III. 3
b. III

Exercício 2
a. when; after; and; when; and
b. I. 2; II. 3; III. 5; IV. 4; V. 1; VI. 6

Estratégia 28

Exercício 1
1. c

Exercício 2
O consumo do álcool pode ter efeitos imediatos (de resolução relativamente fácil) ou pode causar danos mais duradouros ao nosso cérebro, cujo impacto ainda é objeto de pesquisa atualmente.

Estratégia 29

Exercício 1
a. Main idea: The Grand Canyon is filled with all forms of life, from the top to the bottom. / Details: upper edge; trees, bushes, cacti; various animals (deer, coyotes, sheep, bats, snakes)
b. De forma direta, na frase final.

Exercício 2
Main idea: Maps are works of art
Supporting detail 1: To convey information, maps need to be visually pleasing
Supporting detail 2: Up to the end of the 18th century / difficult to distinguish maps from art
Supporting detail 3: Maps / always / collected as works of art
Supporting detail 4: Artists / today / inspired by maps

Estratégia 30

Exercício 1
a. But (início do segundo parágrafo)
b. I. Há muito tempo a comunidade científica afirma que o fósforo desempenha funções essenciais para a vida, sendo então um elemento essencial na composição de seres vivos.
II. Cientistas na Califórnia recentemente descobriram uma forma de vida que usa arsênico para desempenhar funções normalmente desempenhadas pelo fósforo.

Exercício 2
a. 1. A independência e liberdade de ação ao escrever são a melhor coisa na vida de um escritor.
2. A independência e liberdade de ação ao escrever são a pior coisa na vida de um escritor.
b. Frase 1: 1; Frase 2: 2; Frase 3: 1; Frase 4: 1; Frase 5: 2; Frase 6: 1

Estratégia 31

Exercício 1
a. O esfaqueamento de uma jovem de 14 anos.
b. As perspectivas das manchetes são diferentes. A primeira e a terceira manchetes destacam o assunto de forma objetiva, informando apenas o sexo e a idade da vítima, bem como o local do crime (a 3ª dá detalhes mais específicos sobre o local). A segunda manchete dá as mesmas informações acima e mais detalhes, incluindo informações sobre o criminoso, o esfaqueamento em si e a ida da vítima em helicóptero para o hospital. Mas as três manchetes iniciam-se com "Girl, 14", privilegiando o foco na vítima e não na ação propriamente dita.

Estratégia 32

Exercício 1
a. b. has claimed: argued, proposed, suggested; warned: argued, proposed, suggested; admitted: answered, accepted, replied, responded; said: argued, proposed, suggested

Exercício 2
a. Semelhantes.
b. Sim. "Supported" indica apoio ao que foi dito por outra pessoa.

Estratégia 33

Exercício 1
Resposta pessoal.

Exercício 2
c

Estratégia 34

Exercício 1
a. causa; b. consequência; c. ênfase; d. adição; e. condição

Exercício 2
a. actually, yet, with, in comparison with, or, because, and, for instance, this kind of, but, another type, given that
b. ênfase, contraste, exemplo, comparação, alternativa, causa, adição, exemplo, exemplo, contraste, exemplo, causa
c. Respostas pessoais.

Estratégia 35

Exercício 1
a. said, seemed surprised, explained, laughed, defended

Exercício 2
b. Respostas pessoais.

Estratégia 36

Exercício 1
Respostas pessoais.

Exercício 2
Respostas pessoais.

Estratégia 37

Exercício 1
Algumas respostas possíveis: o fato de um desconhecido se dirigir ao leitor informal e carolosamente ("Hello dear"), e mudar abruptamente para um tom formal ("Please pardon me if i interfere into your privacy"), a inclusão de informação irrelevante (a altura e peso do remetente, "height 5 ft 11 inches, weight 61"), a frequência de erros ortográficos e/ou gramaticais ("i" em caixa baixa, "I will like to know", "good advices"), a mistura de propósitos ("share true love" e "invest in a good business"), a contradição em "I observed you are an important personality" e "I will like to know what you do for a living".

Exercício 2
Respostas pessoais.

Estratégia 38

Exercício 1
a. Respostas pessoais.
b. Respostas pessoais.
c. Respostas pessoais.

Estratégia 39

Exercício 1
a. 1: Respostas pessoais; 2: inspired, events, adrenalin, reality, extraordinary, circumstances, veteran, train, effectively, missile, disaster, populated, area; 3: actual, ordinary, conductor, race; 4: Respostas pessoais; 5: Respostas pessoais.
b. Respostas pessoais.

Estratégia 40

Exercício 1
a. 1. Um *skimming* pode dar ao leitor uma ideia geral do texto, o que, a princípio, deve atender a primeira parte do objetivo ("ser capaz de responder à pergunta do título de uma forma geral"). Estratégias adicionais podem apoiar esse *skimming*, tais como ativação de conhecimento prévio sobre cores e fenômenos físicos, identificação de palavras transparentes (por se tratar de um texto de cunho científico, há muitas palavras transparentes no texto), uso de partes de palavra para seu entendimento (por exemplo, vertically, cylindrical, blackest) e compreensão da ideia principal de um parágrafo. Para garantir a memória da ideia geral, o leitor pode decidir tomar nota dessa ideia antes de relatá-la a outras pessoas.

2. Esse objetivo requer um entendimento mais deta-lhado do que o objetivo 1. Desta forma, a identifi-cação de palavras-chaves e o eventual uso do di-cionário bilíngue podem ser úteis neste contexto. Tomar notas durante a leitura para seu uso poste-rior na pesquisa também é uma boa ideia. Outras estratégias potencialmente úteis são: a identifica-ção do que é (ou não) dito no texto ou pode ser inferido (tais conclusões são necessárias para per-mitir ao leitor que faça uso das informações corre-tas na sua pesquisa). A formulação de perguntas sobre o tema do texto antes da leitura também pode ser útil no contexto de pesquisa escolar; afi-nal, toda pesquisa começa com perguntas a se-rem investigadas.

3. De modo mais direto, a estratégia "Lendo para aprendizagem ou revisão de estruturas gramati-cais" contempla o objetivo diretamente. O texto pode ser utilizado para o estudo do Simple Present (como a maioria dos textos científicos), ou de pro-nomes (It is; directed at it; their super-black); ou de passive voice (The blackest man-made material was created in 2008 by a team from Rice University in Houston). Para a aprendizagem de vocabulá-rio, o leitor pode usar conhecimento de mundo (por exemplo, "reaches" pode ser inferido atra-vés do conhecimento prévio de que a luz "chega" ou "atinge" nossos olhos quando vemos cor ou ausência dela). Pode-se também usar partes das palavras para aprender novo vocabulário (como por exemplo em "width"ou "blackest") . Como este objetivo tem uma ênfase na aprendizagem, o uso de um dicionário ou uma gramática para apoio e/ou confirmação de conclusões pode ser uma boa ideia.

» ÍNDICE DOS TERMOS DO GLOSSÁRIO

Adjetivo 30

Advérbio 85

Afixos 60

Caixa alta 34

Classe gramatical 46

Corpo de letra 34

Derivação 46

Discurso direto 86

Discurso indireto 86

ENEM 42

Flexão 46

Fontes tipográficas 34

Function word 169

Gênero 46

Gêneros textuais 34

Hyperlink 133

IELTS 42

Imperativo 86

Interjeições 172

Locução 30

Mapas mentais 97

Marcadores do discurso 128

Marcadores temporais 128

Modal verbs 124

Oração 152

Palavra-chave 29

Prefixo 46

Primeira pessoa 148

Processos cognitivos 24

Processos metacognitivos 24

Pronomes 80

Pronomes possessivos 80

Radical 60

Raiz 58

Reader 65

Reporting verb 148

Substantivo 30

Sufixo 47

Terceira pessoa 148

Tipos de texto 72

Topic sentences 72

TOEFL® 42

URL 83

Variantes linguísticas 91

Verbo 51

Verbo intransitivo 51

Voz passiva 152

>> FONTES DE REFERÊNCIA

Nesta seção encontram-se sugestões de *sites* que podem ser utilizados para prática das estratégias apresentadas neste livro.

- http://www.onlinenewspapers.com/
  Neste *site* encontram-se *links* para jornais *on-line* de todo o mundo.
- http://www.gutenberg.org/wiki/Main_Page\
  Este é o *site* do Project Gutenberg, em que é possível ler (e mesmo baixar) gratuitamente milhares de livros, incluindo clássicos da literatura em língua inglesa.
- http://www.dmoz.org/Kids_and_Teens/News/ Newspapers/
  Este *site* contém uma listagem, e respectivos *links*, de jornais destinados a jovens.
- http://www.literacynet.org/cnnsf/home.html
  Este é o *site* de Literacy Net, onde se encontram reportagens da CNN e da CBS5. Você pode ler o texto integral das reportagens, ou uma versão simplificada ou um *outline* do texto. Exercícios de vocabulário e compreensão acompanham as reportagens. Há ainda a possibilidade de ver um videoclipe sobre o texto ou ouvir um áudio correspondente.
- http://www.uefap.com/reading/readfram.htm
  Este *site* é organizado por Andy Gillett com o intuito de apoiar o estudante universitário no Reino Unido a lidar com as exigências de leitura na vida acadêmica. O *site* contém muitas informações em linguagem acessível e inclui, também, vários exercícios.
- http://web2.uvcs.uvic.ca/elc/studyzone/
  Neste *site*, organizado pela University of Victoria, você encontra inúmeros exercícios de leitura, organizados por nível.
- http://www.cdlponline.org/index. cfm?fuseaction=homepage
  Aqui se encontram textos acompanhados de exercícios de vocabulário e compreensão, bem como áudio e vídeo. O *site* é desenvolvido

por California Distance Learning Project e você pode selecionar textos sobre vários assuntos (por exemplo, Family, Money, Health and Safety e vários outros).

- http://www.free.ed.gov/index.cfm
  Este *site* é uma excelente fonte de referência para leitura de textos de qualidade. Ele é desenvolvido pelo Federal Resources for Educational Excellence nos Estados Unidos, com o intuito de oferecer gratuitamente material de pesquisa em diversas áreas do conhecimento.
- http://42explore.com/skim.htm
  Visite este *site* para ler mais sobre *skimming* e *scanning*, bem como para ter acesso a vários outros *links* sobre essas e outras estratégias de leitura, incluindo planos de aula e exercícios.
- http://academics.smcvt.edu/cbauer-ramazani/ Links/esl_reading.htm
  Neste *site* você encontra uma lista extensa de outros *sites* que apoiam o desenvolvimento da leitura, em torno de tópicos como exercícios de compreensão, planos de aula, *software*, entre outros.
- http://www.testpreppractice.net/TOEFL/TOEFL-Tutorials/Reading-Comprehension-Tutorial.aspx
  Este *site* contém uma excelente discussão sobre exercícios de compreensão de texto: o que eles envolvem, o que pode ser feito pelo leitor para responder às perguntas de forma mais fundamentada através do uso de várias estratégias.
- http://www.edu.gov.on.ca/eng/studentsuccess/ thinkliteracy/files/Reading.pdf
  Neste *link*, desenvolvido pelo governo canadense, você pode ler mais sobre *reading strategies* e ter acesso a ideias para aulas e exercícios sobre o tema.

>> BIBLIOGRAFIA E SUGESTÕES DE LEITURAS COMPLEMENTARES

Chamot, A. U. The learning strategies of ESL students. In: Wenden, A.; Rubin, J. (eds.). *Learner strategies in language learning*. Englewood Cliffs, NJ: Prentice-Hall, 1987. p. 71-84.

Chamot, A. U. Language learning strategy instruction: Current issues and research. *Annual Review of Applied Linguistics*, v. 25, p. 112-130, 2005.

Chamot, A. U.; Barnhardt, S.; El-Dinary, P. B.; Robbins, J. *The learning strategies handbook*. White Plains, NY: Addison Wesley Longman, 1990.

Cohen, A. *Strategies in learning and using a second language*. Londres: Longman, 1998.

Cohen, A.; Macaro, E. (eds.). *Language learner strategies: 30 years of research and practice*. Oxford: Oxford University Press, 2007.

Ellis, R. Learning strategies. In *The study of second language acquisition*. Oxford: Oxford University Press, 1994. Chapter 2, p. 529-560.

Grabe, W.; Stoller, F. L. *Teaching and researching reading*. Londres: Longman, 2002.

Grenfell, M.; Harris, V. *Modern languages and learning strategies: In theory and practice*. Londres: Routledge, 1999.

Harris, V. Exploring progression: reading and listening strategy instruction with near-beginner learners of French. *Language Learning Journal*, v. 35(2), p. 189-204, 2007.

Macaro, E. *Learning strategies in foreign and second language classrooms*. Londres; Nova York: Continuum, 2001.

Naiman, N.; Fröhlich, M.; Stern, H. H.; Todesco, A. *The good language learner*. Toronto: Ontario Institute for Studies in Education, 1978/1996.

O'Malley, J. M.; Chamot, A. U. *Language learning strategies in second language acquisition*. Cambridge: Cambridge University Press, 1990.

Oxford, R. L. *Language learning strategies: what every teacher should know*. Boston: Heinle and Heinle, 1990.

Oxford, R. L. *Teaching and researching: language learning strategies*. Harlow: Longman, Pearson Education, 2011.

Weinstein, C.; Mayer, R. The teaching of learning strategies. In: Wittrock, M. (ed.). *Handbook of Research on Teaching*, 3. ed. Nova York: Macmillan, 1986, p. 315-327.

Wenden, A. Incorporating learner training in the classroom. In: Wenden, A.; Rubin, J. (eds.) *Learner strategies in language learning*. Hemel Hempstead: Prentice Hall, 1987.

Este livro foi composto nas fontes
Eurostile LT Std, Frutiger LT Std e
Stempel Garamond LT Std
e impresso em setembro de 2011 pela
Cromosete Gráfica e Editora Ltda.,
sobre papel offset 90g/m².